Wende manöver

Wende manöver

EIN SOHN IM DROGENSUMPF
EINE MUTTER SETZT SEGEL

FRANZISKA KRAFFT
MIT KATHARINA GERHARDT

Eden BOOKS

AUTOBIOGRAFISCHER ROMAN

Dieses Buch beruht lose auf wahren Begebenheiten,
die allerdings soweit verfremdet sind, dass
eventuelle Übereinstimmungen mit lebenden
Personen zufällig und nicht beabsichtigt sind.
In diesem Buch werden nicht konkrete Personen,
sondern Typen von Personen beschrieben.

Inhalt

KAPITEL 1

Stolz

»Mami, komm schnell, komm sofort!« Jonas' Stimme vom Schiffsbug aus klingt hell, ganz aufgeregt. Ich bin alarmiert, laufe auf dem Teakdeck, so rasch ich kann, nach vorn, versuche dabei, mich nicht an der Reling oder irgendwelchen Leinen zu stoßen oder gar zu stolpern und rufe noch auf dem Weg: »Was ist los? Was?« Vor meinem inneren Auge sehe ich einen böse abgeklemmten, blutigen Finger oder Schlimmeres. Eine Sekunde später erblicke ich, nicht mehr ganz in Vollpanik, wie Jonas offensichtlich unverletzt am Bug kauert und ins Wasser starrt. Okay, Alarmstufe rot ist es nicht. Ich atme aus. »Mami, da schwimmt so was im Wasser.«

»Eine Leine? Verdammt. Dann müssen wir sofort den Motor ausmachen. Sofort.« Wenn sich eine Leine in unserer Schiffsschraube verhakt, sieht es schlecht aus für die Kaimana und unsere Laien-Crew.

»Nein, nein, was anderes.«

Ja, okay, aber was?, denke ich mir. Ein Sack? Ein Toter? Innerhalb von Nanosekunden schießen mir verschiedene Szenarien durch den Kopf. Das ist eine Art innerer Sicherheitscheck, der bei mir abläuft. Gefahrenabwehr. Kopfkino. Und ich denke mir, okay, gut, egal was es ist, wir handeln das. Also, wenn hier jetzt niemand in zwei Teile zerhackt ist oder eine arterielle Blutung hat, dann kriegen wir das schon hin.

»Nein, da sind so große Bälle im Wasser«, ruft Jonas. Ich gucke nach vorn, checke den Horizont. Ich sehe nichts. »Nein, unter Wasser!«

Uh, denke ich mir, nicht so gut, wir fahren ja gerade durch ein militärisches Übungsgebiet nahe Helsingør. Und normalerweise sagen sie zwar immer im Seefunk, wenn da etwas irgendwie akut ist und man ein Gebiet nicht überqueren darf. Und wenn Leute dann trotzdem hinfahren, dann scheuchen sie die raus. Ich achte immer auf die Funksprüche. Das Wetter ist eigentlich auch passabel, wir haben gute Sicht. Aber, was weiß ich denn, hoffentlich sind das nicht irgendwelche Unterwasserbomben. Ich habe ja keine Ahnung. Außer uns ist hier gerade niemand unterwegs. Mir wird doch etwas mulmig.

»Ja, Jonas, dann zeig mir die. Was für Bälle? Wo sind die?«

»Jetzt sind grad keine da.«

Okay. Also informiere ich Peter, der im Cockpit sitzt und ziemlich überrumpelt ist: »Übernimm du das Steuer. Kann sein, dass wir ganz schnell die Richtung ändern müssen.« Er weiß gar nicht, was los ist. Ich sage zu ihm: »Sei wach. Wenn ich dir eine Anweisung gebe, musst du nicht lange fragen. Dann musst du einfach machen.«

Mein Lebensgefährte Peter hat lange gezögert, ob er mit mir auf diesen Segeltrip kommen soll. Er ist kein Segler oder wenigstens jemand, der immer schon mal segeln wollte. Nein, als bodenständiger Österreicher hatte er ganz grundsätzliche Bedenken, was diese Schiffsreise anbelangt. Auch Jonas' wegen. Umso höher rechne ich es Peter an, dass er sich ein Herz gefasst hat und mich und meinen ältesten Sohn nun doch an Bord begleitet. Und jetzt muss er zur Not eben gleich das Steuer herumreißen.

Jonas und ich liegen inzwischen beide bäuchlings am Bug an Deck. Unsere Köpfe sind über die Reling gebeugt, einer rechts, einer links. Ich kann immer noch nichts sehen. Ich weiß ja nicht, wonach ich schauen muss, wie groß, wie tief. Keine Ahnung.

Und dann ist Jonas wieder ganz aufgeregt: »Da ist wieder einer, da ist wieder einer. Auf der ganz anderen Seite hinten!« Ich renne hin. »Ja, jetzt wieder nicht mehr.«

Ich will es ihm ja glauben. Aber jetzt frage ich mich: Schwimmt da tatsächlich etwas, womöglich etwas Gefährliches, unter unserem Segelboot in der Ostsee? Oder bildet sich Jonas das doch nur ein? Hat er vielleicht irgendwelche Visionen? Möglich wäre es. Ich weiß gerade nicht, was ich denken soll.

Und dann sehe ich selbst einen: so groß wie ein Basketball oder noch größer, knallorange, sieht ein bisschen aus wie eine Boje. Was ist das bloß? Ich starre angestrengt ins Wasser. Und plötzlich sind dann da ganz viele. Mindestens zehn auf einem Haufen, in ganz verschiedenen Größen. Okay, denke ich, wenn diese Dinger unterschiedlich groß sind, dann muss es etwas Lebendiges sein. Dann ist es irgendwas, das da wohnt. Das da wächst. Irgendwelche Algen oder Quallen. Wassertiere. Jedenfalls nichts aus Plastik mit einer Kette unten dran. Und definitiv kein Sprengsatz. Keine Gefahr. Weder für uns noch für das Boot. Nach ein paar weiteren Exemplaren können wir beide lange helle Tentakel erkennen. Also doch Quallen.

Manche halb unter Wasser, manche schwimmen tiefer, manche fast an der Wasseroberfläche, einige sind kleiner, andere riesig, orange und gelb.

Puh, jetzt bin ich erleichtert. Ein warmes Gefühl durchflutet mich. Ich rufe Peter am Steuer zu: »Entwarnung hier, alles kein Problem, das sind nur Quallen.«

Zu Jonas sage ich: »Jonas, ich bin total froh, dass du aufgepasst hast, hier vorn. Dass du geschaut hast. Das hätte sonst was sein können, etwas Gefährliches. Gut, dass wir das rausgefunden haben. Ich wusste ja auch nicht, was das ist. So etwas habe ich auch noch nie gesehen. Ich bin sehr froh, dass ich mich auf dich verlassen kann.«

Mein 16-jähriger Sohn Jonas lächelt ein bisschen schief. Dabei platzt er fast vor Stolz. Ich kann das in seinen Augen sehen. Er ist aufmerksam und wach gewesen und hat etwas entdeckt, das für uns alle eine potenzielle Gefahr hätte sein können. Und er hat mich, den Captain, schnell darüber informiert. Wer hätte das noch vor wenigen Wochen gedacht – was für ein Riesenfortschritt!

KAPITEL 2

Beim zweiten Mal ist alles leichter

Jonas war immer schon anstrengend, extrem anstrengend, bereits als kleines Kind. Von Tag eins an. Er hat immer schon neunzig Prozent meiner Zeit, meiner Energie und meiner Nerven verbraten. Das fing beim Stillen an: Erst war er gierig, gierig, gierig, dann hat er alles wieder ausgespuckt, dann hatte er wieder Hunger. Ich hatte im Wochenbett dann auch schnell eine Brustentzündung. Und geschlafen hat Jonas als Baby auch von Anfang an nie. Ich musste ihn nachts immer herumtragen. Sobald man ihn hingelegt hat, hat er wieder geschrien. Tagsüber schlief er zwar schon, aber nachts war er dauernd wach. Das war wirklich anstrengend. Aber ich kannte das damals nicht anders, er war ja mein erstes Kind. Ich habe gedacht, das ist eben so, das ist normal, Babys sind so. Es sind ja alle Eltern mit kleinen Kindern extrem fertig und gestresst, brauchst ja nicht groß reden. Ich habe nicht begriffen, dass das nicht so ganz normal ist. Woher soll man das auch wissen?

Als ich dann allerdings bei meiner Schwester gesehen habe, wie es war, als sie das erste Kind bekam, und wovon die fertig war, habe ich sie gefragt: »Dein Kind schläft doch die ganze Zeit, was hast du denn?« Ich dachte, vielleicht ist das so, weil es ein Mädchen ist.

Doch als mein zweiter Sohn Vincent auf die Welt kam, habe ich den Unterschied selbst gesehen. Da dachte ich, interessant. So kann es also auch sein. Mit Kindern. Das ist locker. Dann können wir ja noch ein drittes Kind bekommen. Das war dann Max.

Seit heute, dem 11. Juli, sind wir auf unserem Segelboot, der Kaimana, unterwegs. Wir, das sind bis zum 25. Juli mein Sohn Jonas, mein Lebensgefährte Peter und ich. Noch sind wir zu dritt. Die Schiffsbesatzung wird wechseln. Vom 26. Juli bis zum 10. August werden meine Freunde Tina, Jan und Martin an Bord kommen und Peter ersetzen. Vom 10. bis 31. August besteht die Crew dann neben mir und Jonas aus meinen jüngeren Söhnen, dem 15-jährigen Vincent und dem elfjährigen Max, sowie Jonas' Freundin Caro und meinem Vater. Vincent und Max verbringen die erste Hälfte der Sommerferien bei ihrem Vater. Jonas wird als Einziger die ganze Zeit mit mir an Bord sein.

Unsere erste Etappe wird uns von Fehmarn nach Bagenkop in Dänemark führen. Peter und Jonas sind beide Segelnovizen. Ich bin passionierte Hobbyseglerin und kenne mich auf dem Boot am besten aus. Ich habe für diese Segelreise mit Jonas schwer gekämpft. Unsere Situation hier ist ein bisschen speziell: Jonas ist drogenabhängig und frisch aus der Entzugsklinik entlassen. Er hat eine ausgesetzte einjährige Jugendhaftstrafe wegen massiven Besitzes und Handels mit Cannabis, diverser Wohnungseinbrüche, Diebstahls, Unterschlagung,

Beleidigung, Nötigung, Sachbeschädigung und Hausfriedensbruchs. Zudem hat Jonas eine Karriere als notorischer Schulschwänzer hinter sich. Die weiterführende Schule hat er inzwischen abgebrochen. In den letzten drei Jahren hat er nicht bei mir und seinen beiden jüngeren Brüdern in unserem Bergdorf, sondern bei seinem Vater in Frankfurt am Main gelebt. Es waren drei sehr harte Jahre. Diese Schiffsreise hat das Jugendamt letztlich nur genehmigt, weil es einfach keinen freien Platz für Jonas in einer Einrichtung gab. Diese Schiffsreise ist mein Projekt als Mama. Und ein Versuch. Ein Versuch, Jonas von den Drogen loszukriegen.

In den drei Frankfurter Jahren hatte ich nur wenig Kontakt zu Jonas. Den medizinischen Teil des Drogenentzugs hat Jonas gerade hinter sich. Meine Hoffnung ist es, ihn mit dieser Segelreise seelisch und körperlich, aber auch in sozialer Hinsicht so weit zu stabilisieren, dass ein Lebensweg jenseits der Drogen möglich erscheint.

Vor unserer Abreise von Fehmarn haben Peter und ich noch eine große Ladung Obst und Gemüse eingekauft. Außerdem haben wir das *AIS*, das *Automatic Identification System*, fertig installiert. Das ist ein elektronisches System, das andere Schiffe erkennt. Es zeigt genau an, welches Schiff sich wann wo befindet und wie schnell es fährt. Das brauchen wir vor allem, um den Tankern der Großschifffahrt aus dem Weg zu gehen.

Jonas hat ausgiebig das Beiboot mit Elektro- und Benzinmotor getestet. Dabei habe ich ihn immer im Blick behalten. Was hatte der Schweizer mir geraten, der mit mehreren straffällig gewordenen Jugendlichen auf einem Segelschiff unterwegs war? Die Luft aus dem Beiboot rauslassen. Damit Jonas nicht abhauen kann. Ich mache das nicht. Ich bin so froh, dass Jonas jetzt endlich hier bei uns ist. Ich bin lieber aufmerksam. *Alert.* Wie eine Fuchsmama. Die sitzt am Berg im Tiefschnee, und wenn man sie beobachtet, denkt man, sie tut nichts. Aber sie hat ihre Ohren gespitzt und die Augen überall. Damit sie den Bussard erspäht, bevor er ihre Jungen schnappt. Oder die Schneelawine ahnt, bevor sie niedergeht.

Später ist Jonas auf den Mast geklettert, um gemeinsam mit uns die österreichische Flagge zu hissen. Schwerfällig und langsam kam er mir dabei vor. Wohl aufgrund der vielen Medikamente, die er ja aus der Entzugsklinik noch hat, ist er dauernd müde. Total lethargisch. Blass dabei, weiße, picklige Haut, richtiggehend käsig im Gesicht. Und ruhig, irgendwie fast zu ruhig. Er wirkt, als sei er auf künstliche Weise ruhiggestellt: krank und abwesend.

Es passt eigentlich ganz gut, dass das Segeln sowohl für Jonas als auch für Peter etwas Neues ist. So zeige ich einfach beiden die Basics: Welche Segel und welche Leinen wichtig sind; wie man die Fender, die länglichen Puffer aus Gummi, beim Anlegemanöver zwischen Boot und Hafenmauer halten muss, damit nichts kaputtgeht. Wie ein Fenderknoten geht, wie man den Motor und den Autopiloten startet, wo der Notknopf ist. Alles ist für beide gleichermaßen neu. So muss sich Jonas nicht allein als derjenige fühlen, dem hier erst mal alles erklärt werden muss.

Dabei benutze ich ganz bewusst kein Seglerlatein. Ich weiß, wie wichtig den meisten Seglern das korrekte Verwenden der Segelterminologie ist. Auch in Segelkursen spielt das Erlernen des Fachvokabulars ja stets eine wichtige Rolle.

Abgesehen davon, dass ich das immer schon eher abschreckend fand, bin ich hier auf der Kaimana mit meiner speziellen Novizen-Crew zuallererst darauf angewiesen, dass ich verstanden werde. Und deswegen fange ich gar nicht groß an mit Backbord, Steuerbord, Heck und Bug oder Luv und Lee oder rede vom Fieren. Ich sage »links« und »rechts«, und ich sage: »Zieh an dem Roten und lass das Grüne los.« Unsere Bedingungen an Bord sind ohnehin schon schwierig genug. Außerdem garantiert die korrekte Verwendung der Begriffe noch lange kein gelungenes Manöver. Ich habe schon Hafenmanöver erlebt, bei denen die Fachbegriffe nur so durch die Luft flogen und die trotzdem grandios schiefgegangen sind. Da verzichte ich lieber auf die schicken Vokabeln, weiß, dass die Information ankommt, und kriege das Anlegemanöver sicher hin.

Am Nachmittag vor der Abreise besuchen uns noch Jörn und Carlotta, die uns den Windpiloten am Heck der Kaimana montiert haben. Das ist ein mechanisches System, das dafür sorgt, dass das Schiff auf einem konstanten Kurs zum Wind segelt. Jörn ist ein segelerfahrener Freund, und es ist mir eine große Beruhigung, dass er mir zusichert, ihn während der Reise via Funk und Mail jederzeit alles, was die Segelei betrifft, fragen zu können. Den Kühlschrank reparieren wir in letzter Minute noch mithilfe von Dirk, der allerlei Schiffszauber draufhat, was Technik, Motor, Elektronik und Hardware anbelangt. Morgen werden wir den Fehmarnsund queren und nach Bagenkop segeln.

Wir starten ziemlich früh, für Jonas und Peter ist es der erste Tag auf hoher See. Es ist etwas windig, so 3 bis 4 Beaufort, und wir haben zeitweise recht schaukelige Wellen. Zum Glück weht der Wind aus der richtigen Richtung. Jonas hat lange geschlafen. Später locken ihn das Motorengeräusch und der Aufbruch doch aus der Koje. Zuerst läuft alles nach Plan: Wir legen vom Steg ab und fahren unter Motor durch das mit roten und grünen Tonnen markierte Fahrwasser aus dem Hafen. Dann höre ich plötzlich ein komisches Geräusch. Ich dachte eigentlich, meiner Crew vor dem Ablegen gesagt zu haben, dass auf gar keinen Fall Leinen über Bord hängen dürfen. Aber ich bin mir nicht sicher. Jedenfalls hing offenbar doch eine der Vorleinen im Wasser ..., und als wir um die Kurve gefahren sind, ist sie runtergerutscht und hat sich um den Propeller gewickelt. Verdammt. So etwas können wir gleich zu Beginn unserer Reise überhaupt nicht brauchen. Ich weiß, dass das eine ziemliche Katastrophe sein kann, weil man schnell manövrierunfähig ist.

Aber vielleicht liegt es am Leben in den Bergen. Eines haben mich Skifahren, Klettern und Mountainbiken, immer auch mit den Kindern, jedenfalls gelehrt: Wenn eine Situation brenzlig wird, hilft Panik überhaupt nicht weiter. Angst ist ein ganz schlechter Ratgeber. Also fahren wir – das geht zum Glück noch – langsam und kontrolliert geradeaus, aus dem untiefen Bereich heraus. Und wollen, um die Sache zu klären, an der Ansteuerungstonne festmachen. Allerdings erwischen wir den Ring nicht und drehen das Schiff deshalb in gutem Abstand vom Südstrand bei, das heißt, das Vorsegel back, also gegen den Wind gestellt, sodass es locker hängt, und das Steuer fest zur anderen Seite. So können wir mehr oder weniger anhalten, ohne festzumachen. Mir ist gleich klar: Es muss jetzt einer ins Wasser, die Leine abschneiden oder abwickeln. Ich überlege nicht lange. Schnell ziehe ich den Neoprenanzug an, schnappe mir die Taucherbrille und springe in die 17 Grad kalte Ostsee, um mir das Ganze von unten anzusehen. Ein ungefähr drei Meter langes Reststück ist noch um den Propellerschaft gewickelt. Zuerst versuche ich, es mit einem Messer wegzuschneiden. Ich fingere eine ganze Weile daran herum. Es geht nicht. Es klemmt. Beim dritten Versuch merke ich dann aber, dass man es eigentlich nur abzuwickeln braucht – es funktioniert. Und ist kein Weltuntergang. Ich tauche auf. Geschafft!

Geschafft habe ich das wahrscheinlich nur, weil ich so etwas schon einmal gemacht habe.

Auf Fehmarn habe ich nämlich einige Tage lang allein das Boot segelfertig gemacht. Also Antifouling, bewuchshemmende Farbe, aufgetragen, ein UKW-Gerät installiert, alles geputzt, das Boot mit Lebensmitteln für acht Wochen beladen und so weiter. Ab und zu musste ich Jörn via SMS etwas Bootstechnisches fragen, aber die Vorbereitungen haben Spaß gemacht, auch wenn ich mich nur von Fischbrötchen und Bananen ernährt und im Auto geschlafen habe. Irgendwann war alles erledigt, und die Kaimana wurde aus der Halle herausgefahren und in Burgtiefe, an der Südküste von Fehmarn, ins Wasser gesetzt. Dann haben wir den Mast aufgestellt. Der örtliche Kran- und Tankstellenmann und ich. Dabei wird der Mast in einer Schlinge mithilfe des Krans hochgehoben und dann mit sämtlichen Gegengewichten am Kran in die richtige Position geschoben. Vorstag, Seitenwanten und Backstag, also die Stahlseile, die den Mast befestigen und zum Teil auch die Segel halten, werden provisorisch eingehängt und erst später festgezogen. Dann wird die Schlinge gelöst, und der Kran kann weg. Das war alles schon ziemlich anstrengend. Aber es hat funktioniert. Am Ende stand der Mast stabil auf dem Schiff. Ich bin dann zum Steg rübergefahren, zum Glück sprang der Motor ohne Probleme an, was nach dem langen Winter nicht immer selbstverständlich ist. Ich musste bei etwas Seitenwind anlegen. Das gab mir gleich noch einmal einen Adrenalinschub. Und dann habe ich im Hafen am Steg mit sehr viel Mühe den Windgenerator montiert, auf ein hohes Rohr gut zwei Meter über dem Heck. Ich bin da barfuß auf der Reling balanciert, mit dem Bauch am Rohr festgebunden, sodass ich die Hände frei hatte. Ich musste über Kopf den Windgenerator mit vielen Schrauben festdrehen und die drei Flügelblätter mit weiteren Schrauben am Windgenerator befestigen. Hochkonzentriert, damit mir nichts, weder Schraubenzieher noch Schraubenschlüssel oder die vielen kleinen Schrauben und Muttern, ins Wasser fielen. Am Ende musste ich noch die Kabel zusammenstecken und mit wasserdichtem Tape abkleben.

Der halbe Hafen hatte mir zugeschaut, denn da kommen am Abend immer ganz viele Segler von Charterschiffen, die nach dem Segeltag ihr Bierchen zischen. Und die fragten mich dann: »Möchtest du was trinken? Wir laden dich auf ein Bier ein.« Ich habe geantwortet: »Bier zwar nicht, aber klar, gern, eine Cola. Ich komme gleich. Muss hier noch gerade schnell, weil das so klappert, brauch' ich noch ...«

Durch das Gespräch war ich einen Moment lang unachtsam, wollte irgendetwas fester drehen, habe es aber in die falsche Richtung und damit lockerer gedreht – und ein Haken fiel mir ins Wasser. Flopp, tschack, tschack. Plump, platsch, dieses Geräusch habe ich jetzt noch im Ohr. Mist.

Pelikanhaken heißt der, habe ich später gelernt. Ungefähr zwanzig Zentimeter lang. Ich habe mich über mich selbst geärgert, weil ich mir so viel Mühe gegeben hatte, die kleinen futzeligen Teile nicht ins Wasser fallen zu lassen. Und dann so was. Ich war einfach unkonzentriert. Und habe sofort die Quittung gekriegt. Jedenfalls wusste ich gleich, ich brauche das Teil, das bekomme ich nicht so schnell irgendwoher. Immerhin fahren wir übermorgen. Also muss ich das rauftauchen. Hier kann es nicht so tief sein. Ich bin ja im Hafen. Da war es schon circa neun Uhr abends. Sehr bald würde es dämmerig werden. Ich habe dann laut mit mir selbst gesprochen, denn ich musste das ja irgendwie entscheiden. Und mein Bootsnachbar hat meine Selbstgespräche gehört. »Soll ich das morgen früh machen, da scheint dann die Sonne? Oder mittags? Da habe ich dann Licht von oben, da sehe ich es vielleicht besser. Ach nein, dann kann ich die ganze Nacht nicht schlafen. Ich hole es lieber gleich. Wenn ich es nicht finde, kann ich das ja morgen immer noch suchen.«

So etwas ist bei mir eine Kopfentscheidung. Ich mache das dann einfach. Ratzfatz habe ich den Neoprenanzug und die Flossen angezogen. Und nach meiner ganz hellen Taschenlampe geschaut, aber die war natürlich nicht aufgeladen.

Und dann habe ich zu dem Bootsnachbarn, der da stand, gesagt: »Du, da kann jetzt doch echt nichts sein, oder? Ich meine, es ist ja ein Hafen. Das ist weder tief, noch gibt es hier Seemonster. Ich kann mich nicht in irgendwelchen Leinen verfangen. Da kann doch nichts sein, oder?«

»Nein, aber wahrscheinlich wirst du ihn nicht sehen. Und wahrscheinlich ist es schlammig und du musst tasten«, hat er geantwortet.

»Das heißt, du meinst, ich muss da runtertauchen und mich mit den Händen durch diesen Schlick wühlen, um dieses Teil ...?«

Oh Gott. Eklig. Ich mag überhaupt nicht im trüben Wasser schwimmen, wo ich nichts sehen kann. Dann habe ich aber trotzdem die Taucherbrille aufgesetzt und zweimal tief eingeatmet. Und den Schiffsnachbarn noch mal angeguckt, und der meinte: »Ja, ja, wird schon.«

Beim ersten Mal Tauchen habe ich nichts gesehen. Aber inzwischen standen dreißig Leute da. Dann habe ich noch mal Anlauf genommen und bin wieder runter. Eigentlich wusste ich ja genau, wo es liegen muss. Ich bin geradeaus runtergetaucht. Mit der Hand voraus, damit ich mir nicht den Kopf stoße. Und dann hat es schon im Schlamm geblitzt. Der Pelikanhaken stand zehn Zentimeter aus dem Schlick raus. Man konnte auch den Unterschied zwischen dem Wasser und dem Grund des Hafenbeckens erkennen. Es war eigentlich ganz einfach. Ich bin runter und habe ihn gepackt, total erleichtert. Ich habe den Haken über meinen Kopf gehalten, weil ich dachte, wenn ich jetzt auftauche, stoße ich sonst mit dem Kopf an einen Schiffsrumpf, da sind ja überall Schiffe. Dazwischen ist es ganz eng. Ich kam dann in voller Montur da hoch, den Haken in der ausgestreckten Hand, wie die Freiheitsstatue aus dem Dreck. Großer Jubel. Riesenapplaus. Hafenkino vom Feinsten. Die Leute haben Fotos gemacht. Das hat sich schnell rumgesprochen. Hier, seht mal, die Frau aus den Bergen. Der weibliche Neptun. Ich war plötzlich berühmt.

Zwei Sachen habe ich aus dieser Episode gelernt. Erstens, es ist kein Drama, den Neoprenanzug anzuziehen und im Dreckwasser unter das Schiff zu tauchen und irgendwas zu machen, was ich noch nie gemacht habe. Was ich eigentlich eklig und grausig finde. Es hat dann ja auch keine fünf Tage gedauert, bis ich eben genau das wieder tun musste. Als die Vorleine ins Wasser gerutscht war, hätte ich mich ja viel mehr angestellt, wenn mir mein Schutzengel nicht vorher gesagt hätte, üb das mal. Das brauchst du noch.

Das Zweite, was ich gelernt habe, hat mir zu denken gegeben. Als ich aus dem Hafenbecken aufgetaucht bin, hat auch mein Schiffsnachbar gesagt: »Hey, cool.« Dann hat er hinzugefügt, er hätte das nicht gedacht. Ich habe ihn gefragt: »Dass ich den Haken finde? Oder dass ich es mache?« »Dass Sie es machen«, meinte er.

Na, und da dachte ich, dass ich ihn nicht finde, hätte ja leicht sein können. Aber dass ich es nicht mache? Wie kann der mir nicht zutrauen, dass ich es nicht wenigstens versuche? Ich dachte bei mir, hast du eine Ahnung, was ich gerade noch alles versuche? Da habe ich mich plötzlich so stark gefühlt. Und mir gesagt, also wenn das das Problem ist, es anzupacken und zu versuchen, dann kriege ich das hin. Eigentlich ist es doch simpel: Man macht einen Fehler. Dann dealt man mit dem Fehler. Und stellt im Idealfall den früheren Ist-Zustand wieder her.

Kann sein, dass bei der Hafenepisode eine Rolle gespielt hat, dass ich klein bin, eine Frau mit langen roten Haaren. Ich war da allein. Die haben mir ja schon gar nicht zugetraut, dass ich überhaupt einen Neoprenanzug habe. Und den so schnell finde und damit ins Wasser springe. Und dass das alles nur drei Minuten dauert.

Aber letztlich hat mir dieses Erlebnis im Hafen noch einmal Mut gemacht für meine Schiffsreise mit Jonas. Sie hat im

Kleinen gespiegelt, was ich im großen Zusammenhang versuche: Es passiert was Blödes oder sogar eine Katastrophe. Und ich versuche, den Normalzustand wiederherzustellen. Ich mache ja gerade nichts anderes. Ich habe eine Familie. Ich bemühe mich, drei Kinder großzuziehen. Dann geht irgendwas schief. Und ich versuche, es wieder halbwegs normal hinzukriegen.

Hinzu kommt: Ich war es ja, der der Pelikanhaken ins Hafenbecken gefallen war. Also ist es nur logisch, dass ich ihn auch wieder rauftauche. Wer Captain ist, muss seine Probleme selbst lösen. Ich kann da niemanden anrufen und sagen: »Du, kannst du mal kommen?«

Und nur deswegen war die Vorleine, die sich bei unserer Abfahrt aus dem Hafen von Fehmarn um den Propeller gewickelt hatte, nicht so ein großes Problem. Ich wusste ja, was ich zu tun hatte. Alles, was man zum zweiten Mal macht, ist leichter. Deshalb ist es wichtig, so viele Dinge so bald wie möglich zum ersten Mal zu machen. Egal was. Es einfach zu versuchen. Ich mache immer noch viele Dinge zum ersten Mal. Und ich merke, beim zweiten Mal geht es schon viel leichter.

Na, auf jeden Fall haben wir jetzt eine aus zwei Stücken zusammengeknotete Vorleine – auch gut. Ab jetzt läuft es besser: Wir passieren die Fehmarnsundbrücke und segeln an der Westseite Fehmarns vorbei quer übers Meer zur Insel Langeland in Dänemark. Insgesamt brauchen wir acht Stunden für die rund 35 nautischen Meilen. Es ist guter Segelwind, nicht zu stark und nicht zu schwach und vor allem schräg von hinten. So geht es zügig dahin, zuerst mit elektrischem Autopiloten, dann mit dem neuen Windpiloten, und dann steht tatsächlich Jonas am Steuer.

Ich freue mich so, ihn dort stehen zu sehen, wenn es auch nur für kurze Zeit ist. Der neue Windpilot steuert weite Strecken auch wunderbar allein. So überqueren wir ganz nebenbei die Großschifffahrtsspur zwischen Deutschland und Dänemark und bemerken die großen Tanker erst, als wir schon vorbei sind.

Kurz vor Bagenkop schüttet es kräftig. Dann fahren wir in den Hafen, zuerst ist Jonas am Steuer, dann ich. Beim dritten Versuch legen wir unter den Augen etlicher Hafengäste an einem Platz mit nur einem Pfahl an der Seite an. In diesem Hafen ist es ganz schön eng, und außerdem haben wir ein ziemlich breites Schiff. Anlegen ist nicht gerade meine Stärke. Ein bisschen müssen wir schon noch üben. Laien-Crew halt. Jedenfalls sind wir jetzt fest.

Peter kocht noch schnell Curry mit Reis, ich hänge die nassen Sachen zum Trocknen auf, und wir machen einen kleinen Spaziergang durch Bagenkop.

Jonas ist die meiste Zeit müde und unfit. Er sieht auch so aus. Trotzdem essen wir oft zusammen, und er redet auch. Ein bisschen wenigstens. Er nimmt wenig zu sich, schiebt das Essen auf dem Teller herum. Und sagt immer wieder: »Ich habe keinen Hunger.«

Ich lasse immer etwas übrig, weil ich mir denke, er wird doch irgendwann mal Hunger kriegen, aber nein, nichts. Wenn es etwas zu tun gibt, wie steuern oder anlegen, ist er dabei, obwohl ihm oft der Überblick fehlt. Na ja, wir haben ja auch gerade erst angefangen. Vielleicht macht ihn die Seeluft so müde, von Widerrede oder Widerstand jedenfalls bisher keine Spur.

Ich habe diese erste Etappe der Schiffsreise mit Jonas nur in groben Zügen geplant. Ich weiß, dass wir am 25. Juli in Kopenhagen sein müssen, weil dort unsere Crew wechseln wird. Aus strategischen Gründen war es mir allerdings enorm wichtig, die Reise in Dänemark beginnen zu lassen. Das war ganz knallhart berechnet. Mir war klar, wir müssen aus Deutschland raus und schnell aufs Schiff, damit Jonas erst gar nicht in Versuchung kommt, sich irgendwo wieder Drogen zu beschaffen. Mir ist es wichtig zu wissen, dass die Euros hier nicht viel nützen, dass die Leute nicht alle Deutsch sprechen. Auf keinen Fall wollte ich länger auf Fehmarn bleiben, denn da hätte er sich ja nur in den Zug setzen müssen, und zack – wäre er in Frankfurt gewesen. Ich will, dass wir einen Vorsprung haben, falls Jonas abhauen will. Außerdem will ich wegen der Unwägbarkeiten, wie es Jonas an Bord gehen wird, das Seglerische so zahm wie möglich halten. Also kleine Etappen, immer gutes Wetter abwarten und in Häfen anlegen. Am Nachmittag ankommen. Und dann am nächsten Tag einfach schauen, wie es läuft. Deshalb fahren wir auch nur am Tag. Ich will nicht, dass wir nachts unterwegs sind und dann geht irgendwas schief und Jonas kotzt oder was weiß ich, kriegt da irgendwelche Anfälle. Alles schon mal da gewesen: Während einer Urlaubsreise in Marokko hatte er einen epileptischen Anfall, vermutlich aufgrund eines kalten Entzugs. Ich weiß nichts Näheres, ich war nicht dabei.

Als ersten Hafen habe ich den in Bagenkop ausgesucht, weil ich da schon einmal war, im vergangenen Sommer. Und weil ich weiß, das liegt auf einer Insel, da gibt es nur drei Häuser und sonst nichts. Peter ist ja ebenfalls zum ersten Mal an Bord eines Segelschiffs, auch deshalb haben wir gesagt, wenn viel Wind ist, bleiben wir im Hafen. Fertig. Ich will keinen Stress. Wir fahren auch nicht morgens um fünf Uhr los, sondern nehmen uns Etappen vor, bei denen wir zu Mittag da sein können, wenn nichts Ungewöhnliches passiert. Und wenn doch, dann sind wir halt nachmittags um vier da und kochen gemütlich im Hafen. Und keiner muss bei schaukelnden Wellen in einen Müsliriegel beißen.

Auf der Etappe nach Marstal auf der Insel Ærø regnet es ab dem Morgen durchgehend. Nicht wolkenbruchartig, aber stetig. Nebelartiger Sprühregen, also Nässe von allen Seiten. Ungemütlich. Deshalb segeln wir mit Cabrio-Dach, das wir für die Leinen ein wenig offen lassen: hinten offen für die Großschot (das Seil für das Großsegel), seitlich offen für die Vorschoten (die Leinen für das Vorsegel), der Rest überdacht und windgeschützt – so geht das ganz gut. In Marstal legen wir im hinteren Hafenbereich – diesmal beim ersten Versuch – in einer Box an. Diese Boxen sind hier im Norden üblich. Sie bestehen aus zwei in den Hafenboden gerammten Holzpfählen am Steg. Man muss das Boot hinten an beiden Pfählen und vorne am Steg dann schnell festmachen, damit man nicht abdriftet. Für den Abend ist Starkwind angesagt.

Jonas hilft ein bisschen mit. Er versteht allerdings den Sinn, warum was wie und wohin gehört, nicht so ganz. Es kommt vor, dass er zum Beispiel an einer Leine zieht, die vor seinen Füßen am Schiff festgebunden ist und sich deswegen logischerweise keinen Zentimeter bewegt. Das andere Ende der Leine wäre gemeint gewesen. Aber woher soll er das wissen? Wenn ich bedenke, wie Jonas in den letzten Wochen,

Monaten und Jahren in Frankfurt, in der Einrichtung im Westerwald und in der Entzugsklinik gelebt hat, dann bin ich mit seinem Verhalten und vor allem seinem zeitweiligen guten Willen, mitzuhelfen, eigentlich ganz zufrieden.

Immer wieder schießen mir hier auf dem Boot zwischendurch Einzelheiten dessen durch den Kopf, was die Ärztin und Psychiaterin in ihrem Gutachten über Jonas für das Amtsgericht geschrieben hat. Das ist so krass. Als ich das zum ersten Mal gelesen habe, wurde mir richtiggehend übel. Und ich konnte nächtelang nicht schlafen. Aber es war auch total erhellend, das alles so im Zusammenhang aufgeschrieben zu sehen. Inklusive der ersten ärztlichen Gutachten aus der Kindheit von Jonas, in denen ja damals schon stand, dass Jonas sehr klare Rahmenbedingungen zur sicheren Orientierung und eine klare Alltagsstruktur benötigt. Damals war er elf. Und zwei Jahre später ging in Frankfurt dann alles schon so fürchterlich schief. Schule schwänzen. Rauchen. Die falschen Freunde. Regelmäßiger, schnell massiver Cannabis- und später gelegentlicher Kokainkonsum. Dazu kam Medikamentenmissbrauch. Und dann die Einbrüche. Einer bei der Nachbarin, einer alten Dame. Da hat er Schmuck geklaut, um an Geld für Drogen zu kommen. Und richtig viel gedealt hat er offenbar auch. Aus der Perspektive der Frankfurter Ärztin musste die Prognose für Jonas ja denkbar schlecht sein. Wie heißt es in dem Gutachten? »Es wird eine hohe Gefahr gesehen, dass Jonas auch zukünftig mit ähnlichen und gleichartigen Straftaten in Erscheinung treten wird, wie sie jetzt gegenständlich sind. Die Erfolgsaussichten einer Entziehungskur erscheinen gering.« Puh, allein diese

Sprache. Die reden da von meinem Sohn. Wenn mir diese Sätze ins Bewusstsein kommen, bin ich sofort wieder krank vor Sorge. Und im nächsten Augenblick denke ich mir, supergut, dass wir jetzt hier auf dem Boot sind. Ich weiß natürlich nicht, wie unser Bootstrip ausgehen wird. Alles ist offen. Aber jetzt und hier klaut Jonas nicht, und jetzt und hier nimmt er auch keine Drogen. Da kann er meinetwegen hundertmal am falschen Ende der Leine ziehen.

Manchmal spüre ich, wie Peter Jonas gegenüber ungeduldig wird. Und er hat ja eigentlich auch recht. Jonas kann in stressigen Situationen schon sehr unbeteiligt-stoffelig dabeistehen und einfach nur gucken, anstatt mit anzupacken. Das nervt Peter dann wahnsinnig, das spüre ich. Ob er alles gut sieht oder ob er vielleicht eine Brille braucht, fragt Peter Jonas, als der wieder einmal im Weg rumsteht. Jonas checkt dann wirklich nicht, was jetzt zu tun wäre. Noch kann er fast nichts übernehmen.

Und ich als Captain oder Teamchefin muss wissen, dass das kritisch ist und ich mich nicht darauf verlassen kann, dass Jonas es auf die Reihe kriegt. Vor allem darf ich hinterher nicht ausrasten, dass er es nicht kann. Sondern ich muss die Größe haben zu sagen, komm, das macht nichts, wir probieren das noch mal, wir werden schon besser. Das ist dann meistens auch so. Das gemeinsame Segeln ist für uns alle drei ein ganz wichtiger Lernprozess.

Und manchmal reagiert Jonas wegen irgendeiner Nichtigkeit ziemlich heftig und motzt rum. Ich beeile mich dann immer, zu Peter zu sagen: »Komm her, relax, relax, das wird schon noch.« Kann sein, dass Peter sich dann ein bisschen ungerecht behandelt fühlt, weil ich da mit zweierlei Maß messe. Das ist auch ganz klar so. Ich sage ihm, er soll sich nicht aufregen, und Jonas darf einfach so ausflippen. Ich finde immer noch irgendetwas Gutes an Jonas' Verhalten, obwohl es, nüchtern betrachtet, wirklich nicht gut ist.

Jonas kann sich nicht lange konzentrieren, ein bisschen war das schon immer so. Aber jetzt fällt es mir wieder massiv auf. Wir waren im örtlichen Schifffahrtsmuseum, und er war ziemlich schnell fix und fertig: so viele Schiffsmodelle, Bilder und Ausstellungsstücke – ein *information overload.* Also zurück aufs Schiff: schlafen, Musik hören und sich in der Bugkabine verkriechen.

Aber er interessiert sich für die elektronischen Geräte an Bord. Besonders das *SSB* würde er gern ausprobieren. Das werde ich demnächst mit ihm versuchen. Mit dem *Single Side Band Radio* kann man über Kurzwellenfrequenzen, also mit elektromagnetischen Wellen, bei günstigen Bedingungen bis nach Australien funken, außerdem Wetterdaten und E-Mails abrufen und wegschicken. Damit verschicke ich auch meine regelmäßigen Mails ans Jugendamt.

Ich bin um jeden Moment froh, in dem Jonas vergleichsweise wach wirkt und sich für die Vorgänge an Bord interessiert. Die gelbe, in der Küche montierte Notfallboje *EPIRB* (*Emergency Position Indicating Radio Beacon*) muss allerdings an ihrem Platz bleiben und die Schutzkappe über dem Auslöser – leider. Ich sehe förmlich, wie es Jonas in den Fingern juckt, auf diesen Knopf zu drücken. Seine Impulskontrolle ist nach wie vor gering.

Jetzt, um zehn Uhr abends, ist es immer noch hell, die Sonne ist gerade untergegangen, und es stürmt wie angekündigt mit

6 Beaufort. Wir sitzen im Cockpit unter dem Cabrio-Dach. Am nächsten Morgen ist es immer noch windig, aber sonnig.

Ich glaube ja fest an die strukturierende Wirkung von Normalität. Überhaupt, Stichwort Struktur. Die muss und möchte ich Jonas bieten. Deshalb machen wir heute einen Busausflug quer über die Insel Ærø nach Søby. Wir starten nach einem ausgiebigen Frühstück mit Spiegeleiern, Orangensaft, Nutella und zweierlei hausgemachter Marmelade, dazu frischem Brot vom *bager*. Jonas isst allerdings wieder nur wenig. Immer wieder sagt er, dass er keinen Hunger habe.

Eine Stunde lang zieht die dänische Insellandschaft vor dem Busfenster vorüber: Felder, Wiesen, sanfte Hügel, ein paar gelbe Häuser und kleine Höfe und immer mal wieder eine schöne Aussicht auf das Meer. In Søby gibt es den Hafen, einen Spielplatz, den Strand, die Hauptstraße und die Kirche, alles locker in einer Stunde zu besichtigen. Dann geht es mit dem Bus weiter nach Ærøskøbing. Dort ist ein kleines bisschen mehr los. Viele bunte Häuschen, Kopfsteinpflaster, da und dort ein paar andere Menschen.

Nach einer Weile hat Jonas genug. Er will nicht mehr herumspazieren und fängt an zu motzen. Ich kann zusehen, wie er immer kribbeliger und zappliger wird. Das Gute auf dem Boot ist ja: Da habe ich ihn im Blick. Ich weiß, was wir an Bord haben und was nicht. Seine Medikamente verwahre ich. Wenn Jonas seine Ruhe will, bleibt er in der Kabine. Hier auf dem Inselausflug ist das anders. Trotzdem, wir sind eine Familie, und ich möchte nach all der schwierigen Zeit vor allem auch Normalität. Und es ist total normal, dass ein 16-Jähriger vom

Sightseeing und von seiner Mutter genervt ist. Ich begreife: Gut, der packt das jetzt nicht mehr. Gleichzeitig will ich nicht einfach zu Peter sagen: »Wir sind extra hierhergefahren, quer über die Insel, und jetzt fahren wir wieder zurück, weil Jonas nicht mehr kann.« Deshalb komme ich auf die Idee, wir lassen ihn da einfach hocken, auf einer Bank, mit einem Apfel und seinem Fidget Spinner. »Bleib einfach da. Wir kommen dann wieder, in einer halben Stunde.«

Natürlich habe ich Bedenken. Nein, ehrlich gesagt habe ich sogar Angst. Horror, Panik. Denn jetzt lasse ich Jonas zum ersten Mal seit Beginn unserer Reise allein. Ich weiß, das ist komplett irrational, denn Jonas war in Frankfurt in ganz anderen Situationen und Konstellationen allein. Da hat er sich im Bahnhofsviertel, auf den Straßen und in Parks herumgetrieben. Und wir sind hier auf einer verschlafenen dänischen Insel. Er hat weder dänische Kronen noch Euro in der Tasche. Und dass ausgerechnet hier ein Dealer um die Ecke kommt, ist sehr, sehr unwahrscheinlich. Wegrennen ist auf einer Insel auch schwierig. Und doch ist das hier ein schlimmer Augenblick für mich. Da tauche ich tausendmal lieber nach Leinen oder Pelikanhaken in der kalten Ostsee. Denn da kann ich handeln. Das hier hingegen ist ein Moment, der sich meiner Einflussnahme entzieht. Und trotzdem trage ich ja die Verantwortung.

Aber als wir eine halbe Stunde später zu der Bank zurückkommen, sitzt Jonas einfach noch da. Was bin ich erleichtert! So froh. Denn: Was hätten wir gemacht, wenn er da nicht mehr gehockt hätte? Aber er sitzt noch da. Und so merke ich zum ersten Mal, dass es vielleicht doch mehr Möglichkeiten gibt, als ich anfangs dachte. Also, dass ich beim Schlauchboot die Luft rauslassen muss oder nur abgeschliffene Scheren verwenden kann und ihn immer überwachen muss – das ist vielleicht gar nicht notwendig.

Insgesamt ist die Stimmung auf der Kaimana im Augenblick erstaunlich entspannt. Noch können wir uns ja auch öfter mal aus dem Weg gehen, wenn jemand ein bisschen Ruhe braucht. Das wird anders werden, wenn Jonas' Brüder und mein Vater kommen. Außerdem sind kalter Wind und Sonne viel erträglicher als kalter Wind und Dauerregen. Peter darf pro Tag maximal dreimal sagen, wie schön es jetzt zu Hause wäre, und ich pro Tag maximal fünfmal, wie froh ich bin, dass Jonas diesen Sommer bei uns sein kann.

KAPITEL 3

Plötzlich alles ganz anders

Eigentlich habe ich mich von Anfang an allein um die Kinder gekümmert. Ich war mit Jonas hochschwanger, als wir geheiratet haben. Mein damaliger Mann war beruflich stark eingespannt, er ist als Ökonom in einer leitenden Position tätig. Ein gefragtes Berufsfeld. Er hat viel gearbeitet, und ich habe mich um die Kinder gekümmert. Ganz klassisch eigentlich. Ich habe das gern gemacht mit den Kindern. Und ich habe das auch gut gemacht. Bevor die Kinder zur Welt kamen, habe ich als Architektin in einem großen Büro in Stuttgart gearbeitet. Studiert habe ich in Zürich, inklusive zweier Auslandssemester in Mailand. Später habe ich noch promoviert. Meine Eltern haben mir mitgegeben, man soll beruflich etwas machen, bei dem man mit dem Herzen dabei ist. Und das habe ich gemacht. Ich lerne gerne. Das hat mir immer schon Spaß gemacht. Lernen und Lernprozesse finde ich ganz enorm wichtig.

Für mich war es damals in Ordnung, dass mein Mann sich eher um seine Karriere gekümmert hat. Ich habe mir gedacht, wir machen das so: Jetzt ist er erst mal dran. Und wenn er dann beruflich etabliert ist, dann kann ich auch wieder arbeiten. Das war für mich okay. Es ist dann anders gekommen.

Er hatte beruflich viele Optionen. Kurz hieß es mal, wir gehen nach Spanien; dort waren wir dann aber nur wenige Tage, um zu sehen, ob und wie es sich dort leben lässt. Es war dann allerdings von der Stelle her doch nicht geeignet. Später bin ich mit ihm und zwei kleinen Kindern wegen seines Jobs nach Kanada gegangen. Dort sind wir einfach hingeflogen, mit Kind und Kegel, ohne uns Haus und Gegend vorher angesehen zu haben. Er hatte vorher monatelang mit der Firma verhandelt und eine gute Position und einige Mitarbeiter bekommen. Für ihn war es ein Karrieresprung.

Ich habe ihm den Rücken freigehalten, war das Backoffice. Er war oft auf Geschäftsreise. Manchmal sind wir mitgekommen, manchmal nicht. Es war okay, einige Jahre lang. Diese Konstellation hat allerdings dazu geführt, dass ich zu Hause alles allein gemacht habe.

Ich wusste deshalb immer schon, wenn ich etwas unternehmen will, dann muss ich es allein machen. Aber das finde ich nicht schlimm, ich habe mich ein bisschen daran gewöhnt. Vielleicht ist das auch ein Grund dafür, dass ich mir diese Schiffsreise überhaupt zugetraut habe. Ich habe noch nie erwartet, dass mir einer hilft, einen Reifen zu wechseln oder Schneeketten aufzuziehen oder den Müll runterzutragen. Wenn etwas zu tun ist, dann frage ich auch nicht lange rum: »Meint ihr, das ist eine gute Idee?« In der Zeit habe ich es schon selbst gemacht. Natürlich gehören dazu auch Rückschläge, gehört es dazu, Fehler zu machen. Das ist mir so was von wurscht. Fehler sind Teil eines Lernprozesses. Ich probiere

Sachen einfach aus. Wenn ich Schneeketten aufziehe, und dann schlägt das so, dann bleibe ich halt stehen und denke mir, okay, das war jetzt nicht richtig. Und dann versuche ich es noch einmal. Aber ich halte mich nicht lange damit auf, zu überlegen, mache ich das jetzt oder doch nicht oder frage ich irgendwen, ob er das machen kann. Nein. Ich frage höchstens, wie es geht, und dann probiere ich das aus.

Als ich mit dem dritten Kind schwanger war, erkrankte meine Mutter an ALS, einer unheilbaren Nervenkrankheit. Daraufhin haben mein damaliger Mann und ich eigentlich gemeinsam beschlossen, dass wir zurück nach Österreich gehen. Ich hatte mir in Kanada einen Freundeskreis aufgebaut. Aber meine Familie hat mir schon gefehlt. Und ich wollte meiner Mutter helfen und meinen Vater unterstützen.

Mein Mann hatte eine Arbeitsstelle in der nahegelegenen Großstadt in Aussicht. Wir wollten mein Elternhaus umbauen, also, es sah eigentlich ganz gut aus. Es ist dann allerdings ganz anders gekommen. Und wir haben uns getrennt.

So saß ich plötzlich Ende August Mitte der Nullerjahre in unserem österreichischen Bergdorf, im Haus meiner Eltern, schwanger mit dem dritten Kind und alleinerziehend. Vincent war drei und kam in den Kindergarten. Jonas war im August gerade erst fünf geworden. Er hatte bereits in Kanada einen Kindergarten besucht. Von dort hatte ich immer Berichte bekommen, dass Jonas sehr beweglich und aktiv sei, sich aber nicht so gut artikulieren könne. Ja, na gut, er konnte halt kein Englisch, dachte ich mir. Und als es dann darum ging, ob Jonas noch mal in den Kindergarten soll oder schon in die Grundschule, da sagte die Dorfschullehrerin: »Den tu ruhig in die Schule. Der kann bis zwanzig zählen. Den brauchst du nicht noch mal in den Kindergarten schicken.«

Da dachte ich mir, die macht das seit dreißig Jahren, die wird es schon wissen, sie wird mir schon das Richtige raten. Und wenn es nicht geht, dann kann Jonas ja immer noch in den Kindergarten. Was ich aber nicht wusste: Sie hat einfach noch einen Schüler gebraucht. Denn es müssen fünf Kinder sein, sonst können sie in der Dorfschule keine Klasse aufmachen. Und da war Jonas dann in der ersten Klasse mit drei Sechsjährigen und mit Mohammed, der war schon zehn und konnte kein Deutsch. Die Lehrerin musste Jonas einfach behalten, damit die Klasse zustande kommt. Das war keine wirklich ideale Startkombination für ihn.

Aber ich hatte auch alle Hände voll zu tun. Meine Mama war todkrank. Ich war schwanger mit Max, er ist im April auf die Welt gekommen. Das war eine sehr anstrengende Zeit mit einem Baby, zwei kleinen Kindern und einem Pflegefall samt Piepgeräten. Mein Onkel vom Hotel hat Essen für uns organisiert. Es kamen Familienhelferinnen, die haben mit Jonas Hausaufgaben gemacht. Mein Ex-Mann hatte inzwischen eine Stelle in Frankfurt am Main und war nicht da. Ich hatte aber sowieso den Kopf voll anderer Dinge. Ich konnte in dieser Situation nicht vor und nicht zurück. Anderthalb Jahre nach meiner Rückkehr ins Dorf ist meine Mutter dann gestorben.

In der Grundschule lief es bei Jonas mittelmäßig. Was ich von der Lehrerin hörte, war, dass er vieles schon konnte und vieles schnell begriff, aber auch häufig den Unterricht störte. Deshalb hatte ich zwischendurch sogar mal die Idee, Jonas zu Hause zu unterrichten, Homeschooling mit ihm zu machen.

Ich dachte, das bringe ich ihm in zwei Stunden bei, wofür sie den ganzen Tag brauchen. Dann wäre die Lehrerin entlastet. Und er wäre happy, weil er nicht hinzugehen bräuchte. Aber das ging rechtlich nicht. Also mussten wir da irgendwie durch. In der zweiten Klasse wurde Jonas dann das erste Mal psychologisch getestet. Da war dann ziemlich schnell klar: Er hat ADHS.

Das ist ja im Augenblick fast so eine Modediagnose, aber Jonas hat das wirklich. Es handelt sich um einen zu niedrigen Dopamin-Spiegel im Hirn. Und der führt dazu, dass Jonas manchmal die schwierigsten Sachen sofort kann. Und dann wieder einfachste Dinge überhaupt nicht. Mal ist es hell, dann ist da wieder nichts. Er hat eine Konzentrationsspanne zwischen ein paar Sekunden und ein paar Minuten. Auf jeden Fall keine, die einer Schulstunde entsprechen würde. Bisweilen hat er total geniale Inseln, mit denen die Lehrer gar nicht klarkommen. »Wieso kann er das jetzt auf einmal?«, fragen sie sich, und das ärgert sie dann. Man kann es ja verstehen: Wenn einer nie zugehört, keine Hausaufgaben gemacht hat, nichts, dann aber einen Test mit null Fehlern schreibt, dann wissen die Lehrer nicht, wie sie damit umgehen sollen und denken sich: »Na gut, dann hat er wahrscheinlich abgeschrieben.« Auf jeden Fall werden sie grantig, und das ist selten gut.

Diese Diagnose gab es also schon relativ früh. Der Test wurde dann noch einmal wiederholt, als Jonas in der Mittelschule war. Mit identischem Ergebnis. In den Gutachten stand damals schon, dass Jonas ganz klare Strukturen braucht, dass es hilfreich für ihn ist, wenn Abläufe immer gleich sind. Manches Alltägliche ist enorm schwierig für ihn: Zum Beispiel kann er bis heute seine Schultasche nicht packen. Das Konzept »Was habe ich heute? Was muss ich dafür in die Schultasche reintun?«, das kann er nicht. Er nimmt einfach immer alles mit. Schuhe binden? Zu kompliziert. Er lässt sie offen. Das ist ja auch nicht lebensnotwendig.

Jonas ist sehr intelligent. Er konnte am besten von all meinen Söhnen Geige spielen, aber er konnte nie Noten lesen. In Österreich müssen alle Kinder in der Schule Blockflöte spielen lernen, also auch Jonas. Der Lehrer nahm ihm allerdings das Mundstück weg, weil er die ganze Zeit nur damit rumgefiept hat. Er sagte zu Jonas: »Du übst ohne.« Also hat Jonas nie richtig Blockflöte üben können. Mit akustischem Feedback. Zuhause hat er das sowieso nie gemacht. Und dann war irgendwann Prüfung. Das Kind, das vor ihm an der Reihe war, hat das Musikstück mit ein paar Fehlern gespielt. Als die Reihe an Jonas war, hat der Lehrer ihm das Mundstück auf die Flöte gesetzt, und Jonas hat das Stück mit genau den gleichen Fehlern gespielt, aber transponiert in irgendeine entlegene Tonart. Und der Lehrer hat gesagt:

»Ja, was soll ich jetzt da machen? Der ist genial, aber ich kann ihm trotzdem keine Eins geben, weil er nichts geübt und sich auch überhaupt nicht an die Regeln gehalten hat. Gut, zwischen Eins und Fünf, dann bekommt er jetzt einfach mal eine Drei.«

Und so war das immer. Jonas hat stets eine fürchterliche Handschrift gehabt. Aber wahnsinnig gute Ideen. Er hat einen Aufsatz geschrieben in der ersten oder zweiten Klasse, als er noch kaum schreiben konnte. Mit Lautschriftwörtern, die muss man laut lesen, damit man sie überhaupt verstehen kann. Dass er mit einem Raumschiff in die Steinzeit reist und ein Feuerzeug dabeihat und dort König wird wie bei den *Wilden Kerlen.* Und alles revolutioniert, die gesamte Geschichte ändert.

In den Jahren nach der Trennung haben Jonas, Vincent und Max ihren Vater nur in den Schulferien gesehen. Wir haben das gemeinsame Sorgerecht für die Kinder. Aber gelebt haben die Jungs bei mir.

KAPITEL 4

Normalität?

Letzte Nacht lagen wir vor Anker. Es war sehr ruhig. Kein Geräusch. Nur gegen Morgen ein paar Vögel. Geweckt wurde ich von Sonnenstrahlen, kein Windhauch weit und breit. So entspannt ist alles, dass ich Zeit habe, nachzudenken. Immer noch bin ich wie in Habacht-Stellung. Wenn ich kurz zur Ruhe komme, so wie jetzt, frage ich mich schon, was ist eigentlich, wenn Jonas doch plötzlich austickt? Was, wenn er mir während eines Manövers kollabiert? Heute müssen wir unter der Storebælt-Brücke durchfahren. Da können wir es uns nicht leisten, dass etwas schiefgeht. Bisher läuft es fast zu gut. Zum Glück ist das Wetter sonnig und vergleichsweise angenehm. Gut, dass ich die Sonnencreme eingepackt habe.

Anker auf ohne Probleme. Das bisschen Schlick am Anker spülen wir mit dem Eimer ab, es ist fast kein Seegras dabei. Unter Motor fahren wir aus dem Svendborgsund und setzen bei sehr wenig Wind später die Segel. Zwischen Fyn und Langeland segeln wir Richtung Norden.

Jonas schläft jeden Tag bis elf Uhr. Am Anfang unserer Tour schien er mir fast süchtig nach seinen starken Medikamenten. Nachdem ich mir sämtliche Beipackzettel durchgelesen hatte, wurde mir ganz anders. Eine heftige Mischung aus Schlaftabletten und Aufputschmitteln. Kein Wunder, dass er mir vorkommt wie im lethargischen Wachschlaf. Wieso haben die ihm aus der Entzugsklinik solche Hämmer mitgegeben? Ich begreife das nicht. Ich denke darüber nach, ihm jeden Tag etwas weniger davon zu geben. Das kann ja nicht gesund sein. Er wirkt leicht retardiert, nicht richtig ansprechbar. Er hat auch irgendwie die Augen gar nicht ganz offen. Ich mache mich im Netz noch mal schlau und bespreche mich mit Peter. Denn natürlich ist Jonas so zugedröhnt auch zu müde zum Abhauen oder zum Randalieren. Das hat vielleicht auch Vorteile. Aber, da sind wir uns einig, diese Menge an Medikamenten ist zu viel. Ich versuche also, ihn davon zu überzeugen, weniger zu nehmen. Jonas sagt, er könne nicht schlafen und brauche deshalb unbedingt die Medikamente. Er hat aus der Klinik so eine Medikamentenbox mitbekommen, wie alte Leute sie haben, mit dem Aufdruck der Wochentage und Tageszeiten. Da waren schon in der Klinik immer die ganzen Pillen drin: blau, grün, lila.

»Es ist doch hier auf dem Boot völlig egal, wann du schläfst,« argumentiere ich. »Du kannst ruhig am Tag schlafen, kannst auch in der Nacht auf sein, das spielt ja keine Rolle. Kein Mensch muss hier in die Schule oder zur Arbeit, da kannst du ruhig schlafen, bis zum Nachmittag. Du brauchst keine Schlafmittel. Oder wenn, dann nimm halt erst mal nur eine Tablette, und dann gucken wir.«

Ich ahne schon, dass das kein kontrolliertes Absetzen der Medikamente sein wird. Jeder Arzt würde wahrscheinlich die Hände über dem Kopf zusammenschlagen, aber wir versuchen das jetzt mal so.

Am Anfang der Reise hat Jonas kaum etwas gegessen. Dafür umso mehr geschlafen, geschlafen, geschlafen. Seit er aber weniger Medikamente nimmt, verdrückt er meistens doppelte Portionen. Eigentlich muss man es sogar so sagen: Er frisst. Jonas schaufelt das Essen nur so in sich rein. Zwischendurch kann ich kaum hingucken. Nach dem Essen ist alles in einem Bereich von rund dreißig Zentimetern um seinen Platz herum verwüstet. Reishäufchen liegen neben dem Teller, alles ist mit Soße vollgespritzt, Jonas hat Essen in den Haaren hängen. Ein Wahnsinn. Seine Feinmotorik ist nicht gut. Von Manieren wollen wir erst gar nicht reden. Ich muss mich ziemlich zusammenreißen, um nicht zu schimpfen, und sehe Peter an, dass es ihm mindestens ebenso geht. Aber, hey, Jonas isst wieder. Ich schaffe es, darüber hinwegzusehen, wie er das tut. Ich werte seinen gesunden Appetit als gutes Zeichen und vertage den Rest auf später.

Jonas raucht zwar noch, vielleicht aber nicht mehr ganz so viel. Zwischendurch fühlt es sich manchmal fast so an, als hätten wir einen völlig normalen Teenager an Bord. Allerdings stellt er bisweilen ziemlich kindliche Fragen, anhand derer man merkt, dass ihm bei grundlegenden Dingen tatsächlich der Überblick fehlt:

»Wann sind wir denn in Dänemark?«

»Jonas, wir sind schon lange in Dänemark. Das haben wir doch besprochen.«

Zwei Stunden später wieder:

»Kommen wir heute noch nach Dänemark?«

Auch fragt er immer wieder, wo wir hinfahren und wann wir ankommen, was ich ihm natürlich beantworte. Trotzdem ist mein Eindruck oft, dass er in dem Moment, in dem er die Frage ausgesprochen hat, schon nicht mehr wirklich an der Antwort interessiert ist. Ich frage mich dann immer mit Schrecken, wie Jonas eigentlich drei Jahre lang in Frankfurt zurechtkommen konnte. Ich weiß, dass frühzeitiger und regelmäßiger Cannabis-Konsum das Gedächtnis schädigen und Teile des Hirns beeinträchtigen kann, die für die Emotionsregulation und das kombinatorische Denken wichtig sind. Deshalb mache ich mir natürlich Sorgen. Und ganz im Hinterkopf lauert die Frage, ob und wie Jonas noch mal irgendeine Schule schaffen soll.

Als Jonas endlich aufwacht, ziehen wir den großen blauen Spinnaker unter seinem Bett hervor und setzen ihn. Zuerst haben wir einige Leinen innen geführt, was beim Spinnaker aber ganz großer Unfug ist, weil sie sich sofort verhaken, da sie ja nirgends eingefädelt sind wie beim Großsegel. Zum Glück geht kaum Wind. So können wir in Ruhe alles umknoten und die Leinen außen herumführen. Denn wenn der Spinnaker erst mal Wind eingefangen hat, zieht er ordentlich an, und dann ist es für so eine Aktion zu spät.

So geht es dann Richtung Storebælt-Brücke. Plötzlich tauchen zwei Schweinswale auf. Die sehen aus wie schwarze kleine Delfine und sind wohl ziemlich selten. Wie elegant sie durchs Wasser gleiten! Jonas versucht, sie durch Rufe und Klappern am Bug länger in der Nähe des Bootes zu halten. Als ich das sehe, spüre ich einen Stich im Herzen. Vielleicht geht mein Plan ja doch auf, und diese Reise hilft ihm.

Heute sind kaum Tanker unterwegs, die sonst in großer Zahl den Hauptverkehrsweg zwischen dem Kattegatt und der

Ostsee nutzen. Auch diese dicken Pötte müssen unter der großen, über 18 Kilometer langen Hängebrücke durch. Man sieht das riesige Bauwerk mit den beiden imposanten steinernen Pfeilern schon von Weitem.

Je näher wir kommen, desto dringlicher frage ich mich, wo man da eigentlich durchfahren kann. Auf der Seekarte sind zwei Durchlässe zu erkennen. Einer links mit 18 Metern Durchfahrtshöhe und einer in der Mitte mit 65 Metern. Zuversichtlich halten wir zuerst auf den linken zu. Dann aber bin ich mir plötzlich nicht mehr sicher, ob die Kaimana mit Mast, Antennen und Aufbauten wirklich unter 18 Meter hoch ist. Peter hat alles durchsucht, doch in den Unterlagen und Handbüchern, die wir dabeihaben, ist die Masthöhe nirgends zu finden. Schöner Mist. War meine morgendliche Vorahnung wohl doch nicht so falsch. Vielleicht geht hier gleich etwas richtig schief. Mit dem Mast unter einer zu niedrigen Brücke hängen bleiben? Und das mit meiner Laien-Crew? Unangenehme Vorstellung. Also entscheide ich kurzerhand, doch den mittleren Durchlass zu nehmen. Als wir dahin abbiegen wollen, müssen wir allerdings feststellen, dass sich auf direktem Weg eine vorgelagerte Insel und eine Untiefe von sechzig Zentimetern befinden. Auf Grund zu laufen wäre wohl genauso unangenehm. So müssen wir im tiefen Wasser einen recht scharfen Zacken fahren und, weil wir den Spinnaker draufhaben, der uns stark nach vorne zieht, das Großsegel und den Spinnaker ein paarmal auf die jeweils andere Seite wechseln. Jonas packt mit an. Und er hält sich an meine Anweisungen. Beim ersten Mal brauchen wir noch über acht Minuten, beim letzten Mal nur mehr anderthalb Minuten. Schließlich rauschen wir mit vollen Segeln bei Windstärke 4 bis 5 unter der Storebælt-Brücke durch. Peter hat ein breites Lächeln im Gesicht und sieht zufrieden aus. Geschafft! Jetzt bin ich doch ein bisschen stolz auf meine Crew.

Gegen fünf Uhr nachmittags kommen wir in Kerteminde an und können an einem fetten dänischen Motorboot festmachen. Peter kocht eine riesige Portion Nudeln. Ich bin erschöpft und gleichzeitig froh, diese anspruchsvolle Etappe geschafft zu haben. Meine Hände sind ganz rau. Beim Essen schaufelt Jonas wieder alles stumm in sich rein. Wie krumm er dasitzt. Gut, dass außer uns niemand an Bord ist, der seine nicht vorhandenen Tischmanieren kritisieren könnte. Nur hie und da riskiert er einen Seitenblick auf uns. Wenn er so in sich gekehrt wirkt, spüre ich, wie ich sofort besonders hellhörig werde. Ich muss mich dann stark am Riemen reißen, um nicht lauter Fragen zu stellen. Jonas und ich haben einfach lange Zeit keinen Alltag miteinander geteilt. Wir müssen uns erst wieder aneinander gewöhnen. Immer wieder muss ich mir sagen, wie gut es ist, dass wir jetzt hier auf dem Boot sind. Weit weg von Drogen und Dealern. Ich muss von Tag zu Tag denken. Und heute war ein guter Tag.

Abends machen wir einen kleinen Strandspaziergang. Und Jonas dreht eine Hafenrunde mit dem Beiboot. Jedes Mal, wenn er lostuckert, habe ich im Hinterkopf: Was ist eigentlich, wenn er nicht wiederkommt? Was, wenn er einfach abhaut? Aber er kommt wieder. Er kommt immer wieder.

Der nächste Tag ist ein Hafentag. Bei regnerischem, kaltem Wetter gehen wir ins Fjord&Bælt-Museum, das auch ein

Aquarium beherbergt. Mir fällt auf, dass Jonas deutlich jünger wirkt als 16. Wenn er eine lebendige Krabbe in der Hand hat, einen schwimmenden Rochen streichelt oder ein Seehundsfell und ein Schwanengefieder in den Fingern hält, macht er große Augen und stellt einfache, direkte Fragen. Er kommt mir dann wie ein unsicheres Kind vor. Aber egal ob es die Fütterung von Seehunden und Schweinswalen oder das Sezieren eines Fischs ist – er ist mit einigem Interesse dabei. Und wirkt wieder ein bisschen wacher. Nimmt wieder ein bisschen mehr an allem teil.

Heute, am 19. Juli, ist es richtig sonnig, warm und windstill. Dänischer Sommer. Wir haben ausgeschlafen, dann frisches Brot und einen Kuchen gebacken und fürstlich gefrühstückt. Wie gut, dass ich mich entschieden habe, einen Thermomix® fürs Boot anzuschaffen. So sind wir unabhängig von den Bäckereien und haben immer schnell einen Essensvorrat. Auch das Kochen geht echt fix. Dieses Gerät kommt meinem Pragmatismus sehr entgegen, obwohl Peter schon sagt, ich könne gar nicht mehr »richtig« kochen. Mir wurscht. Hier auf dem Boot ist das super.

Ganz gemächlich fahren wir dann kurz vor Mittag unter Motor los. Es ist gerade vollkommen windstill. Flaute. Spiegelglatte Ostsee. In seglerischer Hinsicht bin ich also überhaupt nicht gefordert. Ich muss auch nichts kochen. Nichts vorbereiten. Nichts checken. Wir treiben so dahin. Peter sonnt sich in Badehose auf Deck, und Jonas hat die Angel ausgepackt. Ruhig und ganz geduldig sitzt mein großer Sohn mit Sonnenhut da auf seinem Anglersitz, obwohl kein Fisch beißen will. Dass er ausgerechnet die Geduld zum Angeln hat, hätte ich nun wirklich nicht gedacht. Das ist ja eigentlich langweilig. Dann auch noch ohne Erfolgserlebnis: Denn wieder und wieder zieht er lediglich Seegras aus dem Wasser. Aber ich sehe: Jonas ist entspannt. Peter ist entspannt. Das ist der Augenblick, in dem ich begreife: Wir haben ganz einfach Urlaub. Völlig normal. So wie andere Familien auch. Ich kann mein Glück kaum fassen. Diesen Augenblick möchte ich genießen. Also gehe ich schwimmen. Baden. Ohne Neoprenanzug schwimme ich zweimal um die Kaimana herum. Es ist herrlich erfrischend.

Später sehen wir noch zwei Robben, die ihre Köpfe aus dem glatten Meer recken. Nach einem Nachmittagsimbiss auf dem Vordeck kommt dann doch ein bisschen Wind auf, und wir fahren mit Jonas am Steuer die zehn Meilen bis zum Hafen Havnsø bei der Insel Nekselø.

Und Jonas legt an. Jonas ganz allein. Ich sage ihm zwar, wann er auskuppeln und wie er lenken soll, aber das Boot gleitet unter seiner Führung sanft an den Steg. Peter und ich halten die Fender. Sobald wir nah genug am Steg sind, springt Peter an Land und bindet die Kaimana fest. Zehn Minuten nach uns kommt ein Däne, der den Steg fast wegrammt, was unser Anlegemanöver im *Dead-slow*-Modus noch professioneller wirken lässt, wie ich finde.

Wenn die Wetterbedingungen nicht gerade extrem sind, das stelle ich an solch ruhigen Segeltagen fest, geht gar nicht so viel Zeit für das eigentliche Segeln drauf. Klar, ich muss mir die Route überlegen, das geschieht manchmal aber auch erst, wenn wir schon unterwegs sind. Oder sie verändert sich noch einmal. Die meiste Zeit bin ich damit beschäftigt, den Alltag an Bord zu organisieren, das heißt, Essen zu kochen und vor allem Zeug zusammenzusuchen, das ich ganz sicher eingekauft und irgendwo hingesteckt habe, aber gerade nicht finde. Vielleicht zehn Prozent der Zeit an Bord müssen wir dafür aufwenden, die Segel richtig zu setzen und zu navigieren. Im Übrigen fährt so ein Schiff auch sehr gut, wenn die Segel nicht perfekt eingestellt sind. Als mein Hamburger Segelfreund Jörn die Segelfotos der Kaimana sieht, die ich ihm maile, rügt er mich und sagt, also hier musst du aber eine Leine anders führen usw. Das kann schon sein. Das Boot fährt trotzdem; nicht so schnell, aber es fährt.

Jetzt sitzen wir in der Abendsonne im Cockpit. Was für ein wunderschöner ruhiger Tag. Ich kann es eigentlich kaum glauben. Für morgen allerdings gibt es Sturmwarnung.

KAPITEL 5

Horizont und Muster

Über den Tellerrand zu schauen, finde ich generell sehr wichtig. Den eigenen Horizont zu erweitern. Ganz grundsätzlich. Ich reise unglaublich gern, ich möchte die Welt sehen und Neues kennenlernen. Das möchte ich auch meinen Kindern weitergeben. Und das bedeutet, dass ich immer schon relativ viel Aufwand getrieben habe, um Extrasachen zu veranstalten. Obwohl – oder vielleicht gerade weil – ich alleinerziehend bin.

Ich bin zum Beispiel nie davon ausgegangen, dass meine Söhne in der Schule alles lernen, was sie brauchen. In die Schule zu gehen schärft ja hauptsächlich die Sozialkompetenz, nicht viel mehr. Ich habe immer versucht, meinen Teil beizusteuern. Wenn sie in Geografie irgendetwas Spezielles durchgenommen haben, dann sind wir ins passende Museum gegangen. Oder haben uns das Theaterstück zum Buch angesehen, das sie gelesen haben. Schon möglich, dass es den Jungs dann auch mal peinlich war, wenn ich dann da die einzige Mama mit Kindern war und sonst nur Schulklassen. Das ist mir egal. Ich möchte, dass sie ganzheitlich wahrnehmen, wie die Welt aussieht. Das sehe ich so ein bisschen als mein Vermächtnis. Das Einzige, was ich weitergeben kann, sind ja Sichtweisen und Werte.

Und deswegen habe ich vielleicht immer schon Sachen mit meinen Söhnen gemacht, die nicht ganz so alltäglich sind, weil ich möchte, dass sie intensive Erfahrungen machen. Natürlich war mit drei kleinen Kindern im österreichischen Bergdorf nicht immer alles einfach. Kindergarten und Grundschule gehen da bis zwölf Uhr mittags. Dann musste ich schon wieder ein Mittagessen gekocht haben. Und wenn die Kindergärtnerin krank ist oder sich die Haxen bricht, ist der Kindergarten eben sechs Wochen zu, Ende, aus. Da gibt es kein Back-up. Da ist dann nur ein Zettel an der Tür. Also musste ich mir andere Mittel suchen, um in meiner Situation klarzukommen.

Wenn die Kinder quengelig waren oder wenn Jonas besonders schwierig war, bin ich mit ihnen einfach immer rausgegangen und hoch auf den Berg. Kommt, habe ich dann gesagt, packt zusammen, wir gehen. Einfach, weil ihr mir jetzt auf die Nerven geht. Wir haben dann oben oft gezeltet. Da gibt es einen kleinen See, an dessen Ufer wir Lagerfeuer gemacht haben. Damit konnte ich sie immer gut locken, vor allem, als sie noch klein waren: Kommt, wir sehen da wahrscheinlich Hirsche. Oder wir fischen irgendwo Lurche raus. Das war immer schon mein Kontrastprogramm zu: »Oh, ich bin so müde, kommt, wir hocken uns alle vor die Glotze.« Auch effektiver als zu sagen: »Lies doch mal ein Buch.« Was sie sowieso nicht tun. Einfach zusammenpacken, kommt, wir gehen. Macht nicht jeder, wirkt aber Wunder.

Einmal bin ich mit allen dreien nach Sardinien gefahren mit dem Zelt. Da waren sie zwischen vier und zehn. Also eher noch klein. Ich wollte gern auf Sardinien wandern. Und ich wollte, dass wir das zusammen machen. Nicht so, dass wir dahinfahren und dann sind alle bei irgendwelchen Aktivitäten wie im Klub-Urlaub und wir sehen uns nie. Nein, wir wandern, das können wir ja, und wir erleben gemeinsam Abenteuer in der Natur. Ich habe gesagt, ich weiß, was ihr könnt. Ich weiß auch, wie weit ihr es schafft. Also sind wir mit dem Auto in den Nationalpark im Osten der Insel gefahren, haben da geparkt und sind losgelaufen. Dort sind wir fünf Tage mit dem Zelt über die Berge gewandert. Wir sind dann immer nur relativ kurze Etappen gewandert und haben gezeltet. Ich hatte von einem Skirennen noch eine Blase am Fuß, trug deshalb keine Bergschuhe und musste in Crocs gehen. Ich hatte extrem viel Gepäck: Zelt, Schlafsäcke, Isomatten, Essen, Trinken und Anziehsachen für alle. Die Kinder konnten zwar auch ein bisschen was tragen, aber darauf konnte ich mich ja nicht verlassen. Da kam dann schon immer mal wieder: »Nein, ich mag jetzt nicht mehr.« Oder, auch ganz beliebt: »Ich gehe nicht mehr weiter.« Der Klassiker. Dann haben wir eben eine Pause gemacht, uns über etwas anderes unterhalten oder auch einfach umgeplant. Und dann ging es doch wieder. Und immer, jedes einzelne Mal bei diesen Touren, ist es supergut ausgegangen. Wir hatten es lustig, wir hatten eine fantastische Zeit, es hat uns als Familie noch stärker zusammengeschweißt. Und ich habe festgestellt, dass solche Sachen wie mieses Wetter, Sturm, ein nasser Schlafsack oder ein nasses Zelt, kein Nutella, sondern halt nur das zu essen, was gerade da ist, dem Erlebnis überhaupt keinen Abbruch tun.

Natürlich weiß ich, auch weil wir in den Bergen leben, dass man in der Natur vorsichtig sein muss. Deswegen habe ich bei solchen Wandertouren stets auf die Sicherheit geachtet. Selbst wenn wir im August unterwegs waren, hatte ich immer

Handschuhe und Mützen für alle dabei, weil ich weiß, wenn das irgendwie danebengeht, schaut man ganz schnell ganz blöd. Und wenn man dann noch drei Kinder dabeihat, schaut man noch blöder. Erste-Hilfe-Kurse muss ich als Skilehrerin ja ohnehin regelmäßig absolvieren. Das gibt mir natürlich eine gewisse Sicherheit. Zur Not kann ich auch einen offenen Bruch schienen oder eine Wunde nähen. Wenn sich jemand auf der Piste verletzt, kann ich mich sehr zusammenreißen und weiß, was zu tun ist. Ich klappe dann erst in dem Moment zusammen, wenn ich nicht mehr zuständig bin.

Solche Touren habe ich also immer schon gemacht, und am Anfang denken alle: was für ein Aufwand. Und fragen mich, wieso tust du dir das an? Jetzt habt ihr doch mal keinen Stress mit der Schule, jetzt setz deine Kinder doch mal aufs Sofa und mach ganz ruhig.

Aber ich frage mich eben: An was werden sich die Kinder erinnern? In zehn Jahren oder auch in zwanzig, wenn sie vielleicht selbst Kinder haben? Und ich möchte nicht, dass sie sich an eine alleinerziehende, meckernde Mutter erinnern, die fix und fertig mit allem war, oder daran, dass das Leben vor dem Fernseher auf dem Sofa stattfand. Ich möchte, dass sie sich daran erinnern, dass wir zusammen eine gute Zeit hatten. An gemeinsame Erlebnisse. Dafür habe ich vielleicht nicht so viel Materielles zu bieten.

Nach dem Tod meiner Mutter und der Trennung von meinem Mann habe ich bewusst entschieden, dass ich mit den Kindern in unserem Bergdorf bleiben will. Das war eine Kopfentscheidung. Ich bin da zu Hause, ich habe da Familie, das ist mein Elternhaus. Mein Vater hat mich bei der Betreuung der Kinder unterstützt. Die Kinder waren hier gut aufgehoben. Das hieß aber auch, dass ich nicht wieder in meinem erlernten Beruf als Architektin arbeiten konnte.

Alle paar Monate oder Jahre hatte ich immer mal so Momente, in denen ich dachte: Verdammt! Essen kochen, aufräumen, putzen. *Eat, sleep, repeat.* Nervt. Aber dann sah ich wieder ganz deutlich, dass es wichtiger war, noch ein paar Jahre zu Hause zu sein und eben nicht Karriere zu machen. Die Kinder waren wichtiger. Und ich bewundere alle, vor allem die Alleinerziehenden, die irgendwie beides unter einen Hut kriegen, Kinder und Karriere. Das wäre auch sicher einfacher in der Stadt gewesen, wo man eine andere Infrastruktur hat. Beziehungsweise im Dorf hätte man die Großfamilie noch stärker in Anspruch nehmen müssen. Das wäre bestimmt alles irgendwie möglich gewesen, aber ich hatte mich – auch vor dem Hintergrund der Trennung – eben anders entschieden.

Vielleicht wäre es auf lange Sicht besser gewesen, wenn ich Grundschullehrerin geworden wäre oder eine Ausbildung zur Buchhalterin gemacht hätte. Aber mit »Was wäre gewesen, wenn?« halte ich mich generell nicht lange auf. Das bringt ja nichts.

Doch natürlich war ich hier mit meinem akademischen Hintergrund auch nicht wirklich ausgelastet. Also habe ich meinem Freund Hannes, der schon lange als Skilehrer arbeitet, vor einigen Jahren geholfen, seinen Traum zu verwirklichen: die Eröffnung einer eigenen Skischule. Er hatte sich das bisher nicht so richtig getraut.

Wir haben die Skischule dann zusammen aufgezogen und organisatorisch aufgebaut, was am Anfang sehr spannend war mit lauter kleinen gelben Post-it-Zetteln und lauter unzuverlässigen Skilehrern, einfach so *from scratch.* Am Anfang haben wir beide alles gemacht. Also Snowboardkurse und Skikurse gegeben, Leute abgeholt, E-Mails geschrieben, Buchungen eingegeben, Skilehrer und Personal eingeteilt. Mittlerweile steht das Ganze auf festen Beinen, die Skischule hat in der Hauptsaison 25 Mitarbeiter. Es gibt ein computergestütztes Buchungsprogramm, die Buchungen sind via Handy abrufbar. Jetzt läuft das.

Und da braucht es mich nicht mehr so dringend. Seither mache ich dort nur noch die Sachen, die ich interessant finde. Ich bin ja nicht Skilehrerin geworden, weil ich immer schon Skilehrerin sein wollte. Das hat sich eher so ergeben. Ich übernehme die schwierigen Fälle. Denn ich habe eine Zusatzausbildung gemacht und unterrichte seitdem Blinde, Rollstuhlfahrer und Kinder mit nur einem Fuß im Skifahren und Snowboarden. Die können genauso gut snowboarden und haben mindestens so viel Spaß. Da habe ich ganz interessante Erfahrungen gemacht, auch grundsätzliche fürs Leben. Ich habe von den Blinden gelernt: Man kann alles, man muss sich nur keinen Stress machen. Sie haben mir erklärt, wie sie im Restaurant bestellen, wie sie sich Cola einschenken, immer nur halb voll; wie sie E-Mails versenden, indem sie die in ihr Handy reindiktieren, kurz gesagt, wie sie ein ganz normales Leben führen. Man muss nicht unbedingt immer alles sehen können, um glücklich zu sein.

Skilehrerin ist meiner Ansicht nach eigentlich kein Beruf. Sicher, man macht eine Ausbildung, natürlich muss man auch gewissenhaft sein, man muss ein paar Sprachen sprechen können, man muss fit in Erster Hilfe sein. Und man sollte

Verantwortung übernehmen können. Aber das ist eher etwas Charakterliches, das muss man vorher schon haben. Das lernt man nicht im Skilehrerlehrgang. Und Hausfrau ist ehrlich gesagt zehnmal mehr Arbeit als Skilehrerin.

Ich habe immer versucht, das Beste aus meiner Situation als Alleinerziehende im Dorf zu machen. Dabei musste ich pragmatisch sein. In dem Jahr, in dem Max geboren wurde, habe ich ihn zum Beispiel schon auf die Skier gestellt. Es war Dezember, wir hatten tollen Schnee, und die Großen wollten natürlich Ski fahren. Alleine konnte ich Jonas und Vincent allerdings nicht auf die Piste schicken, mit vier und sechs. Max war acht Monate alt, er konnte stehen, aber noch nicht laufen. Kinderbetreuung hatte ich keine. Der Kleine konnte ja auch nicht allein hierbleiben. Also habe ich Max in Skischuhe gesteckt, die ihm bis über die Knie gingen. Er hatte Miniskier. Ich habe ihn zwischen die Beine genommen und einfach festgehalten, habe gesagt: »Du kannst singen, schlafen, was du willst, aber wir nehmen dich mit.« Das ging gut. Wenn wir irgendwo eingekehrt sind, habe ich ihn einfach aus den Schuhen rausgehoben und in seinem Schneeanzug auf eine Bank gelegt. Da ist er dann sofort eingeschlafen. Und so waren wir unterwegs, sonst hätte ich ja ein ganzes Jahr lang nicht Ski fahren können mit den Kindern. Und wir leben ja immerhin in einem Skigebiet.

Das Muster, mit den Kindern, gerade wenn es Probleme gibt, rauszugehen in die Natur, mit ihnen aktiv zu werden, das hatte ich also schon, bevor ich auf die Idee mit dem Boot kam. Und lange bevor Jonas in Frankfurt in die Drogenszene abgerutscht ist. Vielleicht war das Rausgehen und Aktivsein auch einfach immer schon eines meiner Mittel, um mit Jonas' ADHS-Auffälligkeiten umzugehen.

Zeitweise haben wir es ja bei Jonas auch mit Ritalin versucht. An Tagen, an denen beispielsweise eine Schularbeit zu schreiben war. Ohne Ritalin hätte er dann wieder nur rumgehampelt. Und mit Ritalin schrieb er eine Zwei. Das nahm in manchen Fällen einfach viel Druck raus. Es nahm ihn aus der Schusslinie in bestimmten Situationen. Auch bei Familienfesten. Beim Geigenvorspiel. Ritalin funktioniert gut, wenn man es gewissenhaft nimmt, das heißt, Schlafprotokolle führt und schaut, wie es wirkt. Aber Ritalin ist eben gleichzeitig gut und böse. Man weiß auch nicht so genau, wie die Langzeitwirkungen sind. Zum Thema Ritalin bekommt man, wenn man zwei Ärzte oder Therapeuten fragt, zwanzig verschiedene Antworten. Es gibt zehn gute Argumente dafür und zehn gute Argumente dagegen. Alle sind Experten, aber keiner kennt sich aus. Und zum Schluss musste ich als Mama doch wieder selbst entscheiden, wie ich es handhabe. Das war eine Bauchentscheidung. Jonas hat dann, als er älter wurde, kurz bevor er nach Frankfurt zu seinem Vater zog, angefangen, das Ritalin gar nicht mehr zu nehmen. Er hat die Tabletten in der Hosentasche gesammelt, hat gesagt, er nimmt sie, hat es aber nicht getan. Später hat er dann auch versucht, sie zu verkaufen. Das war natürlich übel.

Irgendwann muss man bei Ritalin sowieso, wenn das Kind größer wird, den Sprung schaffen, ihm die Verantwortung für das Medikament zu übertragen und zu sagen: Du merkst selbst, wann du es brauchst. Und dann nimmst du es auch selbst oder lässt es bleiben. Der Punkt war bei uns erreicht. Jonas hat dann eben entschieden, er nimmt es nicht. Dann lief es auch gleich in der Schule nicht mehr gut. Aber ich konnte ihn ja auch nicht zwingen oder ihm das heimlich geben, mit 13 Jahren.

Natürlich habe ich, als er später drogenabhängig geworden ist, manchmal gedacht, vielleicht hätten wir ihm nie Ritalin geben sollen. Aber man kennt da die medizinischen Zusammenhänge nicht so genau. Man kann nicht sagen, dass Kinder, die Ritalin nehmen, später im Leben drogenabhängig werden. Es ist ein weites Feld, und viele Faktoren spielen eine Rolle. Ich glaube, es ist eher der Dopamin-Mangel im Hirn, der anfällig macht für den Drogenkonsum.

Aber mein Mittel der Wahl war eben vor allem immer: draußen sein, aktiv sein, etwas unternehmen, gemeinsam etwas erleben.

Deswegen war meine Idee mit der Bootsreise auch nicht so eine große neue Initiative, sondern ich habe einfach das gemacht, was ich immer gemacht habe in schwierigen Situationen mit den Jungs. Das Muster war das gleiche, das ist ein Teil von mir. Als es darum ging, was mit Jonas nach seinem Aufenthalt in der Entzugsklinik passieren sollte, wäre es für mich in dieser enorm belastenden Situation nicht gut möglich gewesen, das Rad komplett neu zu erfinden. Ich musste auf irgendetwas zurückgreifen, von dem ich wusste, das kriege ich emotional hin und das könnte funktionieren. Es haben alle gesagt: »Das geht nicht.« Und ich habe es einfach trotzdem gemacht. Im Vertrauen auf das Muster, das ich vorher schon hatte und von dem ich für mich wusste: »Ist mir doch egal, was der Rest der Welt denkt, ich weiß, dass es geht.« Selbst wenn die Chance noch viel kleiner gewesen wäre, hätte ich es trotzdem versucht. Ich stand mit dem Rücken zur Wand und wusste, ich muss und will irgendetwas tun, und jetzt tue ich das, was ich am besten kann.

KAPITEL 6

Wasser

Auf dem Weg nach Gilleleje fahren wir früh los und bemühen den Motor. Es ist zu wenig Wind zum Segeln. Richtig ungemütlich ist es, Nieselregen, Nebel, grau in grau. Jonas ist heute erstaunlich früh wach, so um halb neun. Das bestätigt mich in meiner Entscheidung, die Medikamente drastisch zu reduzieren. Er fragt auch nicht mehr dauernd danach. Manchmal vergisst er sie offenbar einfach, was mich hoffnungsfroh stimmt. Selbst kann er ja nicht an die Medikamente heran, ich bin die Medikamentenausgabe, und ich habe sie sehr gut versteckt. Er kommt mir auch von Tag zu Tag wacher vor. Ansprechbarer. Seine Hautfarbe ist deutlich besser.

Und Jonas isst. Vorzugsweise Nutellabrot. Das scheint er auch zu brauchen. Ich merke, wenn er eine Hungerattacke auf Süßes hat, dann geht gar nichts. Dann ist er zu nichts auf dem Boot zu bewegen und sagt: »Ich esse jetzt.« Peter kann in so einer Situation, wenn wir beispielsweise gerade anlegen, völlig am Rad drehen. Er sagt dann: »Jonas, leg das Nutellabrot hin, es ist jetzt eh schon das vierte, leg es hin, hilf schnell, und dann isst du weiter.« Jonas bleibt stoisch: »Ich esse jetzt.« Das gibt dann Stress.

Ich lerne. Ich lerne, es ist meine Aufgabe als Teamchefin, so etwas vorauszusehen und die Wahrscheinlichkeit dafür zu erhöhen, dass es in der Crew läuft, wenn es laufen muss. Wenn ich weiß, wir legen in einer Stunde an, dann schlage ich Jonas vor, fang doch jetzt an zu essen. Denn in einer Stunde brauchen wir dich dann für diese eine kleine Handreichung. Ich kann nicht sagen: Wir legen in fünf Minuten an, also Crew, macht euch bereit. So läuft das in dieser Konstellation nicht.

Wonach Jonas immer wieder fragt, sind Zigaretten. Ich weiß ja, ich kann nicht erwarten, dass er von jetzt auf gleich auch noch mit dem Rauchen aufhört. Obwohl es mir eigentlich total gegen den Strich geht. Ich finde, dass es stinkt. Es ist nachweislich ungesund. Aber das ist jetzt so ein bisschen unsere Abmachung: Wir reduzieren die Medikamente, und er darf weiter rauchen. Jonas hat argumentiert, er brauche das und Peter rauche ja auch, nicht so viel, aber immerhin. Peter hat in dieser Hinsicht dann sehr für ihn Partei ergriffen.

»Das kannst du ihm nicht nehmen«, hat er zu mir gesagt, »lass ihm das. Lass ihn rauchen, soviel er will.«

Jonas hat ja anfangs recht naiv gedacht, dass er den ganzen Sack Medikamente aus der Klinik zu sich in die Kabine nimmt und sich dann da lustig Cocktails mischt, wie er gerade meint. Dass das natürlich nicht geht, konnte ich ihm schon klar machen. Er muss zu mir kommen. Ich sage ihm, wenn du was brauchst, komm zu mir, Tag und Nacht. Aber du musst kommen. Wenn er jetzt fürchterlich rumgejammert hätte, hätte ich ihm wahrscheinlich eine Dosis seiner Medikamente gegeben, aber bisher ist das nicht passiert. Und dadurch, dass Jonas rauchen darf, ist da ein bisschen der Druck raus. Ich habe ja noch in Fehmarn Tabak für den Notfall gekauft. Ich, die mit dem Rauchen so auf Kriegsfuß steht. Als ich da mit meinem Päckchen Tabak an der Kasse stehe, frage ich die Kassiererin, das ist typisch für mich, bei so was kenne ich dann keine Scheu:

»Entschuldigen Sie, was brauche ich da denn noch? Ich glaube, da war noch mehr, ich brauche doch noch so Zettel.«

Die Kassiererin guckt mich nur mit großen Augen an, aber der Herr neben mir hat mich dann mit *Papers* und Filtern versorgt. Und ob er mir noch zeigen soll, wie man das macht. Das habe ich dann lachend abgelehnt und gesagt, na, das finde ich dann schon raus. Jedenfalls verwahre ich den Tabak auf dem Boot in der Notfallschublade, neben den Leuchtmitteln. Und Jonas nimmt an, dass es irgendwo auf dem Boot noch einen Tabakvorrat gibt. Deshalb wird er manchmal sehr lästig und fragt nach Zigaretten. Sie gehen jetzt schon zur Neige.

Gerade kann ich auf dem *AIS* sehen, dass außer uns noch einige andere Schiffe unterwegs sein müssen, aber in der Nebelsuppe um uns herum ist nichts zu erkennen. Nur eine Robbe entdeckt Peter, ganz nah am Schiff.

Ich bemerke, dass irgendwo Salzwasser in die Bilge – also in den Raum zwischen den Bodenbrettern der Kajüte und dem Kiel, den tiefsten Punkt im Boot, – tropft, wenn der Motor läuft. Ich sehe mir das eine ganze Weile an, obwohl es dort bei laufendem Motor sehr, sehr laut ist, und hoffe, durch intensives Draufschauen irgendwann zu verstehen, wie das Ding funktioniert. Das Wasser tropft aus einem gelben Schlauch und sammelt sich in der Bilge, wo wir es einmal pro Tag rauspumpen. Ich habe vor, noch genau draufzukommen, wieso es das macht, und es vielleicht abzustellen, aber nicht heute.

Nach einer Stunde kommt wieder Wind auf, diesmal schräg von vorne. Also setzen wir die Segel und machen den Motor aus. Kaum sind die Segel oben, stürmt es so wild – kurz Windstärke 6 bis 7 –, dass wir gleich das erste und zwei Minuten später das zweite Reff reinmachen, also die Segelfläche verkleinern. Von Flaute auf 6 bis 7 Beaufort in wenigen Minuten, das ist schon krass. Aber ich bin vorbereitet: Skianzug, Wollmütze, Skibrille. So kann ich bei prasselndem Regen und schneidendem Wind alles ganz gut handeln.

Jonas hört währenddessen unter Deck mit dem gerade wiedergefundenen USB-Stick über das Bordradio die Geschichte des Weltumseglers Magellan, der 1519 mit fünf Schiffen von Spanien aus losgesegelt ist, um einen westlichen Seeweg nach Indien zu finden. Soweit ich das von meinem Posten am Steuer aus beurteilen kann, hört Jonas interessiert zu. Wenn ich das mit seiner Dösigkeit und Schläfrigkeit zu Beginn unserer Reise vergleiche, kommt es mir wie ein weiterer kleiner, aber wichtiger Fortschritt vor. Nach elf Stunden Fahrt laufen wir in Gilleleje ein und machen im Päckchen, also längsseits an einem anderen Boot, fest.

Am nächsten Tag wollen wir nach Helsingør. Das ist nicht so weit, aber wie es aussieht genau gegen den Wind.

Wir fahren morgens um halb acht in Gilleleje weg. Es ist bewölkt, ab und zu sonnig, ziemlich windig, meistens um die 5 Beaufort. Wir müssen kreuzen. Also im Zickzack gegen den Wind segeln. Wenn man ein Regattaboot hat, schafft man einen Wendewinkel von circa 90 Grad, was wohl ziemlich ideal wäre. Unser Schiff schafft manchmal fast 80 Grad, manchmal auch viel weniger. Bis 60 Grad finde ich es noch halbwegs okay, unter 45 Grad fühlt es sich komisch an, so als würde man sich dem Ziel gar nicht nähern. Wir machen die Wende zwar immer gleich und fahren immer so hoch am Wind, bis die Segel fast einen Gegenbauch bekommen. Trotzdem ist der Kurs zum Wind sehr unterschiedlich. Und da wir nach zwei Stunden gar nicht mehr vorwärtskommen, gebe ich auf, und wir fahren unter Motor weiter.

Ich habe wieder das *AIS* angeschaltet, weil wir den Øresund entlangfahren, die viel befahrene Meerenge und Tankerspur zwischen Dänemark und Schweden. Alle Lichter am *AIS*-Kästchen beim Kartentisch leuchten, das heißt, es funktioniert. Auf dem iPad sehen wir unsere eigene Position in der Mitte und die anderen Schiffe mit Richtungspfeil außen herum. Ein Tanker kommt schräg von hinten, deswegen haben wir gewendet.

Aber es ist merkwürdig: Der Tanker verfolgt uns auf dem *AIS* weiter, obwohl wir schon längst in eine andere Richtung fahren. Merkwürdig. Und noch merkwürdiger: Als ich aufs iPad schaue, ist alles in Ordnung, der Tanker fährt links, wir rechts. Als Peter es wieder nimmt, sind wir erneut auf Kollisionskurs. Verdammt. Der Tanker fährt doch nicht plötzlich auch rechts, also direkt auf uns zu? Irgendetwas stimmt hier nicht.

Ich atme tief durch. Eine ganze Weile halte ich das iPad in der Hand, drehe es einige Male hin und her. Ich versuche zu verstehen, was los ist. Und endlich begreife ich: Man muss es gerade halten, nach vorne. Wenn man das iPad dreht, kann man auch die Tanker beliebig herumdrehen. 360 Grad in drei Sekunden. Puh, gut, dass ich das jetzt auch weiß. So was passiert wahrscheinlich auch nur mir.

Und so geht es mir ständig. Irgendetwas ist merkwürdig oder funktioniert nicht. Oder ich frage mich, wozu etwas gut ist, und komme früher oder später drauf. Steile Lernkurve. Immer wieder. Jeden Tag. Zum Glück bleibt Jonas in solchen Momenten cool und ruhig. Er neigt nicht zur Panik. Vielleicht versteht er unsere Aufgeregtheit aber auch oft einfach nicht so schnell, weiß nicht, worum es geht, ahnt nicht, dass es gefährlich sein könnte, und regt sich deshalb nicht auf. Egal, Hauptsache, er rastet nicht aus.

Im Øresund gibt es eine kräftige Strömung, die immer stärker wird, je schmaler die Meerenge zwischen Dänemark (Helsingør) und Schweden (Helsingborg) wird. Deshalb fahren wir die letzten Meilen mit dem Motor gegen 5 bis 6 Beaufort schnellen Wind von vorne und gegen eine mehrere Knoten starke Gegenströmung an. Trotz Wind und Strömung legen wir sanft und ohne Hektik im Päckchen im Nordhafen von Helsingør an. Anschließend erkunden wir Helsingør und schlendern durch den Schlosspark des Kronborg Slot. Hier ist mehr los als auf sämtlichen Inseln, auf denen wir bisher waren, zusammen. Jonas isst dänisches Eis. Er verdrückt gerade wirklich enorme Mengen Süßes, neben den unzähligen Nutellabroten auch Peters selbstgekochte Marmelade, inzwischen gläserweise. Was Peter etwas pikiert zurücklässt, denn er ist wirklich ein guter Koch, und seine Marmeladen sind sorgsam komponierte Konfitüren. Auch mein Vorrat an Müsliriegeln, den ich unter den Bodenbrettern im Schiff verstaut hatte und der eigentlich für acht Wochen gedacht war, ist deutlich dezimiert. Ich höre es ja immer klappern, wenn Jonas das Bodenbrett auf- und zumacht. Ich lasse ihn. Lieber zu viel Zucker als zu viele Medikamente. Oder zu viel Cannabis.

Aber nach dem Eis fängt Jonas an zu sagen: »Eigentlich bräuchte ich jetzt Zigaretten.« Und immer wieder: »Ich bräuchte jetzt Zigaretten. Haben wir noch irgendwo welche?«

Wir haben keine mehr auf dem Boot. Ich merke gleich, es ist etwas völlig anderes, Tabak auf Vorrat zu kaufen, als jetzt hier in Dänemark zu sagen, na klar, mein Sohn, der du dich gerade ein bisschen bekrabbelst, ich kaufe dir jetzt Zigaretten. Jonas hat ja hier in Dänemark absichtlich kein eigenes Geld. Ich bespreche mich mit Peter. Ich kann das nicht übers Herz bringen, ich kann Jonas keine Zigaretten kaufen, ich schaffe das emotional nicht. Ich kann doch mein Kind nicht vergiften.

Schließlich erklärt Peter sich bereit, Zigaretten für Jonas zu kaufen. Er geht in einen kleinen Laden und besorgt eine Schachtel. Jonas bedankt sich bei ihm. Gemeinsam stehen sie da und rauchen. Ich sehe, das hat einen ganz schönen Verbrüderungseffekt, so nach dem Motto: Hier, ich schaue auf dich, ich verstehe das, Zigaretten sind jetzt da.

Wir beobachten die Segelschiffe, wie sie sich mühsam gegen die starke Strömung um die Felsenecke, auf der die Burg steht, vorankämpfen. Helsingør ist ein Vorgeschmack auf Kopenhagen, wohin wir morgen segeln wollen.

Heute, am 23. Juli, ist es sehr windig, Ostwind mit 6 bis 7 Beaufort, bei manchen Böen steigt der Windanzeiger sogar noch höher. Eigentlich ist das Sturm. Zuerst überlegen wir, wegen des starken Windes noch einen Tag in Helsingør zu bleiben, entschließen uns dann aber, doch gleich nach Kopenhagen zu segeln. Wenigstens kommt der starke Wind von der Seite. Die Vorhersage für morgen verspricht zwar weniger

Wind, aber dafür genau von vorn. Und nach der Pleite mit unserer Kreuzerei gegen die Øresund-Strömung wollen wir das lieber nicht riskieren.

Nach dem Ablegen müssen wir gegen Strömung und Wind um die Ecke der Kronborg-Festung fahren. Dazu haben wir den Motor ein Weilchen laufen lassen, damit er anwärmt und diese Herausforderung packt. Das ist auch gut so, denn sofort als wir die Leinen loshaben, gilt es, mit Vollgas gegen Wind und Strömung zu halten, um überhaupt aus dem Hafen zu kommen. Peter übernimmt diesen Part, ich räume in der Zwischenzeit die Fender weg, was eine schaukelige Turnübung ist. Es ist schon gut, dass ich zu Hause so oft klettere. Deswegen bin ich daran gewöhnt, mich gut festzuhalten. Immer eine Hand fürs Boot. Und ich weiß, dass Knoten verlässlich halten müssen. Ich hänge mich auch immer an. Grundsätzlich, auch bei schönstem Wetter, auch wenn ich nur ganz kurz an Deck bin. Mit einem Karabiner und einer Leine fest am Boot, und so, dass ich auf gar keinen Fall über Bord fallen kann. Peter und Jonas lachen mich dafür aus, mir ist das egal, ich bin sehr für Sicherheit. Ein bisschen zittere ich, weil wir ganz nahe am Ufer entlangfahren, wo es trotzdem noch 26 Meter tief ist. Außerdem hat direkt nach der Ecke der Burg eine riesige Fähre – von Helsingør nach Helsingborg – gerade abgelegt und schon Kurs auf uns genommen.

Wir rollen das Vorsegel aus und segeln in ordentlicher Schräglage auf Halbwindkurs trotz gewaltiger Gegenströmung mit über 6 Knoten Richtung Kopenhagen – es fühlt sich an, als würde die halbe Ostsee wie eine schwappende Badewanne durch den Øresund gedrückt. Stürmischer Wind, hohe Wellen. Leinen und Segel müssen enorme Kräfte aushalten. Ein paarmal taucht der Bug der Kaimana so tief in die Wellen ein, dass ein großer Schwapper über das ganze Schiff gespült wird. Ich bekomme am Steuer immer mal wieder eine Ladung ab.

Es geht gut voran, irgendwie im Kampfmodus mit diesem Wind, aber doch zügig und mit direktem Kurs. Die Tanker überholen uns meist links oder rechts, aber da alle, auch wir, gut auf dem *AIS* sichtbar sind, stört sich niemand daran.

Kurz vor Kopenhagen hören wir dann im *VHF: »Aida Diva, sailboat position ... please move to starbord!«* Aida? Klingt nach Kreuzfahrtschiff. Das fehlt mir gerade noch. Und tatsächlich: Im Hafen vor uns liegt ein riesiges Kreuzfahrtschiff. Könnte die Aida sein, aber warum funken sie dann die anderen aus der Bahn? Legt es vielleicht gleich ab? Sollen wir noch außerhalb des Hafens warten? Fernglas. Also, es kommt zwar schon Rauch aus den Schornsteinen, aber die Leinen sind noch dran. Die sind noch fest, wahrscheinlich sind noch nicht alle vom Landgang wieder da. Wir fahren rein.

Kaum sind wir im Vorhafen und an dem mächtigen, zum Glück festgebundenen Kreuzfahrtschiff, der MSC Fantasia, vorbeigefahren, entdecken wir hinter uns ein weiteres Riesenschiff. Das muss die Aida Diva sein, also schnell weg hier.

Wir fahren weiter in den inneren Hafen und suchen uns ein Plätzchen im Hafen Langelinie. Hier muss man an Heckbojen anlegen. Das ist immer nicht so angenehm, habe ich in Erinnerung, vor allem, wenn man keinen Bojenhaken hat. Beim ersten Versuch ist eine Leine über der Reling, die darunter gehört hätte, beim zweiten Versuch ist die Heckleine, die man in die Hafen-Heckboje einfädeln muss, zu kurz. Wir machen erst mal an einer anderen Boje fest und sortieren uns und die Leinen neu. Beim dritten Anlauf haut es dann endlich hin, und wir sind fest. Zum Glück. Und alles bei jetzt einsetzendem, schnell stärker werdendem Regen und immer noch 4 bis 5 Beaufort starkem Seitenwind, der uns hin und her drückt, wie es ihm passt. So, Schwimmwesten aus, Cockpit-Dach dran, Leinen aufräumen, Anspannung lösen. Wir sind da. Alles ist gut.

Und dann ist plötzlich die Bilge bis oben hin voll Wasser. Schlagartig. Gleich auspumpen. Schnell. Ich mache das. Es funktioniert mit der starken Handpumpe ganz gut. Aber irgendwie tropft, nein, rinnt ständig neues Wasser nach. Die Bilge füllt sich sofort wieder. Ich sehe, spüre vielmehr, wie Peter nervös wird. Jonas schaut aufmerksam und fragt: »Mami, kann ich dir helfen?« Ich weiß gerade überhaupt nicht, was los ist, bin im Krisenmodus und checke innerlich, was das jetzt sein kann, woher das ganze Wasser kommt. Und trotzdem bin ich total gerührt, dass Jonas sich wie ein normales Crewmitglied verhält, nicht panisch wird, sondern mir Hilfe anbietet. Ich sage: »Jonas, ich finde das super, dass du mir helfen willst. Im Moment weiß ich zwar noch nicht wie. Aber ich brauch' dich sicher gleich.« Ich muss nachdenken. Wir müssen herausfinden, wo das Wasser in der Bilge herkommt. Ich pumpe und versuche, rational zu bleiben. Gibt es irgendwo ein Leck? Wenn ja, wo? Dann müssen wir es finden und abdichten. Wir befinden uns im Hafen von Kopenhagen. Wir sind in der Zivilisation. Wir kriegen hier im Zweifelsfall Hilfe. In Peters Augen sehe ich allerdings wachsende Besorgnis und die unausgesprochene Frage: Sinken wir jetzt? Ich schicke ihn an die Pumpe.

Mit der Taschenlampe verfolge ich das Rinnsal: unter dem Motor entlang, dafür muss ich mich unter und hinter den

Motor quetschen. Hinten beim Propellerschaft ist es trocken. Das ist schon mal gut. Ein Leck dort wäre wohl ganz blöd, obwohl wir für diesen Fall einige Ersatzteile dabeihätten. Dann sehe ich, wie sich unter einem schwarzen Rohr Wasser seitlich in den Motorraum drückt. Ist das vielleicht die Stelle, an der das Wasser-Abgasgemisch nach draußen geleitet wird? Das ist so ziemlich an der Wasserlinie, da müsste es doch einen Drehverschluss geben, den haben eigentlich alle Seeventile nach draußen. Ich bespreche mich mit Peter und Jonas. Ich habe vor, an dem schwarzen Abgasrohr zu rütteln und zu sehen, ob sich die Sache zustopfen lässt. Leider weiß ich nicht genau, ob das dann alles abfällt und mir eine Wasserfontäne entgegenspritzt. Jonas hat die Holzpfropfen rausgekramt und ich die Stay-Afloat-Paste. Wenn wir das jetzt nicht auf die Reihe kriegen, müssen wir in die Werft. Vielleicht muss das Boot aus dem Wasser gehoben werden. Da brauche ich dann jede helfende Hand. Ich sehe im Buch nach, wo sich die nächste Werft mit Kran befindet. Wir besprechen schon mal, wie wir da zur Not hinkommen. Peter müsste dann das Loch zuhalten und Jonas die Bilgepumpe bedienen. Jonas nickt verständig, ist konzentriert und sagt Ja. Hoffentlich kann ich mich, wenn es darauf ankommt, wirklich auf ihn verlassen. Er sieht schon wieder so blass aus und scheint stark zu schwitzen. Aber jetzt geht das Leck vor. Im Ernstfall müsste ich an der Aida, die inzwischen keine 100 Meter von uns entfernt festgemacht hat, vorbei zur Werft lenken. Inzwischen schüttet es sintflutartig.

Unter einigen Verrenkungen klettere ich also erneut in den Motorraum, das ist gar nicht so einfach, weil es sehr eng ist und einige Teile noch heiß sind. Vorsichtig ziehe ich an dem schwarzen Schlauch. Jetzt rinnt noch mehr Wasser raus, aber der Schlauch fällt nicht ab. Hm. Wir könnten so auch bis morgen früh durchhalten, wenn wir alle halbe Stunde die Bilge leerpumpen. Heute ist ja Sonntag. Ob da die Werften aufhaben? Zweiter Versuch. Das schwarze Abgasrohr ist weder locker noch beschädigt. Ich überlege: Wie kommt das Wasser an dieses Rohr? Und wo kommt dieses schwarze Rohr eigentlich her? Es führt anscheinend gar nicht direkt raus, sondern noch unter den Boden der Backskiste und erst dann nach draußen, wo sich am Seeventil auch tatsächlich ein Drehverschluss befindet. Also räumen Jonas und ich die Backskiste komplett aus. Jonas ist mir gerade eine wirkliche Hilfe, registriere ich nebenbei. Er wirkt auch nicht gestresst. Peter pumpt weiter die Bilge aus. Wir nehmen die Bodenbretter raus und halten die Taschenlampe in alle Winkel. Hier ist es überall total nass. Ich halte einen Finger in die Nässe und schlecke ihn ab: nicht salzig. Das ist ein gutes Zeichen. Das Wasser kommt also nicht von unten.

Und dann finde ich das Leck. Es befindet sich über meinem Kopf. Der Ablaufschlauch von einem der Decksabflusslöcher ist samt seiner Manschette neben das Loch gerutscht. Wellen und Spritzwasser über dem Deck und literweise Regenwasser haben sich so unter der Backskiste gesammelt und sind dann unter dem Motor in die Bilge gelaufen. Die Lösung ist ganz einfach. In dreißig Sekunden habe ich Schlauch und Manschette wieder festgeschraubt. Jeder andere, der schon länger segelt, hätte das wahrscheinlich innerhalb von zwei Minuten rausgefunden. Aber, puh, was für eine Erleichterung. Peter strahlt, und Jonas lächelt. Wir fallen einander in die Arme. Boah, geschafft. Wir sinken doch nicht.

Plötzlich habe ich so das Gefühl, hey, wir schaffen ja alles. Als ich da am Motor herumgekrochen bin, war mir doch der Magen ziemlich zugeschnürt, das spüre ich erst jetzt. Ich bin so froh, dass wir in keine Werft müssen. So erleichtert. Alle anderen Probleme, um die ich mich auch noch kümmern muss, sind plötzlich weit weg. Die Sache mit dem Salzwasser aus dem gelben Schlauch, wenn der Motor läuft, ist damit ja beispielsweise noch nicht geklärt, aber das ist ja nur ganz wenig Wasser. Und für einen anderen Tag brauchen wir ja auch noch was zum Flicken.

Es regnet weiter. Fieses Wetter. Ist mir aber jetzt, euphorisch wie ich gerade bin, komplett egal. Wir haben es bis Kopenhagen geschafft, wir haben das Leck gefunden, das Boot ist intakt. Jonas ist bei uns und inzwischen zumindest ein bisschen Teil des Teams. Peter sagt, er hat großen Respekt vor mir. Jetzt will ich noch zur Kleinen Meerjungfrau und zum Nyhavn, einfach nur, weil gerade alles so schön ist. Es ist auch nicht weit von hier. Ich bin immer noch ölverschmiert. Dreckig. Mir ist kalt, meine Haare sind komplett nass und durcheinander. Ich schieße ein Foto von Jonas an der Kleinen Meerjungfrau, und Jonas macht ein Foto von Peter und mir. Auf dem sieht man, dass wir erleichtert sind, gemeinsam erleichtert. Und glücklich.

KAPITEL 7

Die Kaimana

Meine ursprüngliche Idee war eigentlich, noch bevor das alles mit Jonas so kompliziert wurde, eine Art Sabbatical zu machen, eine Auszeit zu nehmen. Also eine lange Reise als Familie: die Kinder und ich. Zuerst hatte ich überlegt, nach Australien zu reisen, denn dort hätte ich als Skilehrerin im australischen Winter weiterarbeiten können, während in Österreich Sommer ist. Und ich wollte meinen Söhnen die Welt zeigen. Sie neugierig machen auf die Welt, die ja ein bisschen größer ist als unser Dorf in den Bergen.

Später dachte ich, unterwegs sein wäre auch nicht schlecht. Vielleicht mit einem Wohnmobil? Das haben wir dann mal in Italien ausprobiert. Aber das ist als einzelner Erwachsener nicht wirklich praktikabel: Da hocke ich dann dauernd hinterm Steuer, und die schlagen sich hinten die Köpfe ein. Gute Autofahrer sind meine Kinder nicht. Ja, und so kam langsam die Idee mit dem Segelboot.

Als Jugendliche habe ich eine Zeit lang in der Nähe eines kleinen Sees gelebt, nahe des Starnberger Sees, und da hatte ich zusammen mit meiner Schwester ein Segelboot, eine 470er-Jolle, die heißt so, weil sie 4,70 Meter lang ist. Damals war ich 14 und meine Schwester zwölf. Und dort gab es auch eine Segelschule. Eigentlich war das der Beginn meiner Segelleidenschaft. Ich fand das immer cool mit der Jolle und habe viel Zeit am Steg und auf diesem kleinen Segelboot verbracht. Dort habe ich auch meine erste Segelprüfung, den Sportbootführerschein Binnen, absolviert. Ab 14 ging das, meine jüngere Schwester durfte die Prüfung noch nicht machen. Zwei Jahre haben wir da gelebt, und dann sind wir auch schon wieder weggezogen. Und als ich selbst Kinder hatte, ist mir das wieder eingefallen mit dem Segeln. Ich habe mir gedacht: Mensch, das wäre doch eigentlich ein total cooles Kontrastprogramm zum Bergdorf, das Segeln. Ich habe dann ein kleines Boot gekauft, eine alte Schüssel, die konnte man oben aufs Auto schnallen, ziemlich unkaputtbar. Nur fürs Segeln. Ich habe die Kinder und das Zelt eingepackt und uns mit allem Krempel zum Gardasee gekarrt. Und da habe ich meinen Söhnen ein bisschen das Segeln beigebracht. Da waren sie noch klein, Jonas zehn, Vincent acht und Max vier. Schwimmen konnten sie aber alle.

In unserem Bergdorf ist eine solche Reise- oder Abenteuerlust, wie ich sie habe, sehr untypisch. Hier lebt man, weil man hier immer schon gelebt hat. Vor hundert Jahren waren hier alle Bergbauern. Dann kam der Tourismus, der inzwischen für jeden, der hier lebt, eine wirklich lukrative Angelegenheit ist. Unser Dorf liegt in der Nähe eines großen, sehr gut erschlossenen Skigebiets. In der Saison, also von Dezember bis April, brummt es hier: Zimmervermietung, Hotelbusiness, Restaurants, Skiverleih, Skischule. Die Leute kommen von überall her, fahren Ski, machen Urlaub, finden es toll und lassen hier eine

Menge Geld. Deshalb haben fast alle, die hier wohnen, auch keinerlei Bedürfnis, woandershin zu gehen. Wo doch die ganze Welt zu ihnen kommt. Und wenn dann jemand so reiselustig ist wie ich, stößt er oft auf völliges Unverständnis. Bis heute. Zumindest mit dem Segeln hat hier niemand was am Hut.

Auch ich vermiete Ferienwohnungen. Das ist mein Glück, und ich empfinde es als Privileg. Das Haus, in dem wir leben, ist vierhundert Jahre alt. Es ist das Geburtshaus meiner Großmutter und gehört unserer Familie, seit es steht. Meine Eltern haben einen Teil davon umgebaut zu Ferienwohnungen, als wir noch in Deutschland gelebt haben. Im Augenblick ist das so: Wenn man hier im Dorf Ferienwohnungen hat, dann kann man damit ganz gut Geld verdienen. Natürlich muss man die Wohnungen in Schuss halten. Und Marketing machen. Aber das ist ja heutzutage mit dem Computer viel einfacher als noch zu Zeiten meiner Mutter. Klar hat man auch Ausgaben. Aber letztlich kann ich hier dank der Ferienwohnungen Hausfrau und Mama und alleinerziehend sein. Und gut leben an einem schönen Ort, an dem andere Leute Urlaub machen. Das ist perfekt. Ich habe deshalb nicht diesen typischen Alleinerziehenden-*struggle:* Wie komme ich bloß über den nächsten Monat? Wenn durchgebucht ist in der Saison, können wir im Moment gut davon leben. Es ist natürlich ein Saisongeschäft, das geht nur von Weihnachten bis Ostern. Und da muss es laufen. Da kann ich mir nicht erlauben, krank zu sein oder keine Lust zu haben. Da muss ich sieben Tage die Woche dranbleiben und fünf Sachen gleichzeitig machen. Und das mache ich. Ich bügle um halb drei in der Früh, wenn es sein muss. Ich koche vor. Und ich renne den ganzen Tag. Ich gehe nie.

Ich renne. Das muss so sein. Es gibt hier auch einige Leute, die kriegen davon Burn-out oder werden Alkoholiker. Die packen das nicht, dieses *On-off*.

Die Weihnachtsferien werden bei uns extra kurz gehalten, damit die Kinder versorgt sind und die Eltern im Tourismus arbeiten können. Vielleicht ist dieser Ferienwohnungszirkus auch ein bisschen ein Grund, warum mir der gemeinsame Sommer mit den Kindern so wichtig ist. Denn im Winter waren meine Söhne zwar da, aber wie oft wir mal alle zusammen Ski gefahren sind, konnte man an den Fingern einer Hand abzählen. Obwohl wir in einem Skigebiet leben. Wenn mal schulfrei war, hatte ich meistens meinen Unterricht, und sie hatten ihren Ski-Klub oder zogen mit ihren Freunden los.

Die Bergbauernmentalität bei uns im Dorf führt dazu, dass die meisten Leute es nicht so raushängen lassen, dass sie Geld haben. Das finde ich ganz angenehm. Man muss in der Schule auch keine Markenklamotten haben, um was zu gelten, die Teenager brauchen nicht immer das Neueste und Tollste. Man kann hier sehr gut bescheiden leben, ohne dass man auffällt. Und es wirft mich Gott sei Dank, obwohl ich alleinerziehend bin und drei teure Teenies habe, nicht aus der Bahn, wenn die Waschmaschine kaputtgeht oder das Auto streikt. Ich glaube im Übrigen auch, dass es für Kinder extrem schädlich ist, wenn es zu viel ums Geld geht. Klar haben Kinder und Teenager tausend Wünsche. Meine Kinder kriegen alles, was sie brauchen. Aber sie kriegen absichtlich nicht alles, was sie sich wünschen. Natürlich müssen sie ordentliche, funktionale Klamotten haben, wenn sie draußen sind bei minus zehn Grad. Aber wenn ich dann höre, sie brauchen die und die Schuhe oder dringend ein neues Smartphone – da bin ich aus pädagogischen, prinzipiellen Gründen dagegen.

Das Boot, mit dem wir jetzt unterwegs sind, konnte ich also unter anderem kaufen, weil ich Ferienwohnungen vermiete. Zum Glück hatte ich auch einige Ersparnisse, weil ich in meinem Elternhaus keine Miete zahlen muss. Ich habe den Bootskauf schon länger geplant und auch zwei, drei Jahre lang recherchiert, welches in Frage kommen könnte, bevor die Kaimana dann in die engere Wahl kam. Alles übers Internet. Alles von zu Hause aus. Ich konnte ja der Kinder wegen nie weg. Ich konnte auf keine Bootsmesse fahren und mir Boote anschauen. Anfangs hatte ich schlicht keine Ahnung. Ich habe Tag und Nacht im Netz recherchiert, wobei ich so etwas natürlich nicht zum ersten Mal mache. Meine Doktorarbeit habe ich ebenfalls – zwischen zu stillendem Kind und Windeln – ausschließlich am Computer geschrieben. Da war ich auch in keiner Bibliothek. Ich war nie draußen. Ich habe nie mit irgendeinem geredet, außer per Skype.

All das geht heutzutage. Und ich bin dann zu dem Schluss gekommen, ich brauche ein Boot, das gleich segelbereit ist. Bei dem ich nicht irgendwie noch Neues anschaffen oder erst das Rad neu erfinden muss. Das wollte ich nicht. Ich wollte, dass wir gleich lossegeln können. Darauf habe ich bei meiner Recherche geachtet. Ich bin keine, die dauernd am Boot irgendetwas rumschrauben oder dranbauen muss. Mir geht es nicht darum, am Boot zu basteln, mir geht es ums Segeln. Ich kann auch kein Boot reparieren, mal abgesehen von kleineren Notreparaturen, die bis zum nächsten Hafen halten. Ich wusste, ich muss eines haben, das schon alles drauf hat, ein altes, solides

Boot, ein mechanisches Teil, das schon viele Jahre funktioniert hat. Die neuesten sind ja oft die schlimmsten, da ist alles elektronisch und nichts funktioniert, so habe ich gehört.

Und dann habe ich schließlich die Kaimana gekauft. Das Boot ist vierzig Jahre alt und hat alles, was man braucht. Dazu kamen lediglich der Windpilot und das *AIS*. Sonst war alles dran. Ich habe das Boot von zwei Schweizern gekauft, Jan und Tina, die damit gerade über den Atlantik in die Karibik gesegelt waren. Das Boot ist 10,54 Meter lang und 3,34 Meter breit. Es hat neben anderen notwendigen und wichtigen Vorrichtungen einen Radar, Solarzellen und einen Windgenerator, sodass man Strom erzeugen kann und autark ist. Es war sofort einsatzbereit.

Tina und Jan hatten zuvor zwei Jahre praktisch auf diesem Boot gelebt. Und sie hatten das Boot ihrerseits wiederum von einem Niederländer gekauft. Der war vier Tage nach ihrem Bootskauf verstorben. Das heißt, die beiden hatten eigentlich keine Ahnung, wie alles auf dem Boot funktioniert, und mussten sich das selbst zusammenfuzzeln. Auf halbem Weg in die Karibik haben sie zum Beispiel erst herausgefunden, dass es einen Autopiloten gibt. Sie wussten das gar nicht, weil der Knopf so versteckt ist. Und als Jan und Tina die Kaimana dann mir verkauft haben, wollten sie vermeiden, dass es mir ebenso geht. Deshalb haben sie mir ganz geduldig alles erklärt, was mit dem Boot zusammenhängt. Zuerst via E-Mail, denn ich hatte natürlich viele Fragen. Im Laufe der Zeit sind wir dann wirklich gute Freunde geworden. Wir haben uns öfter in der Schweiz getroffen und waren auch mal zusammen klettern. Und in diesem Sommer segeln wir die zweite Etappe unserer Reise von Kopenhagen bis Helgoland zusammen.

KAPITEL 8

Kopenhagen – Fliegender Wechsel

Heute ist der 24. Juli, in zwei Tagen fliegt Peter zurück nach Österreich. Ich werde ihn vermissen. Das weiß ich jetzt schon. Ich bin ihm wirklich dankbar, dass er seine Bedenken beiseitegeschoben und Jonas und mich auf dieser ersten Segeletappe begleitet hat. Es ging ja bis ganz kurz vor der Reise ständig hin und her, ob Jonas denn nun überhaupt mitkommen darf oder nicht. Das allein war schon Stress. Und in den vergangenen zwei Wochen hatten wir auch genügend herausfordernde Situationen – eine konventionell-entspannte Urlaubsreise sieht jedenfalls anders aus. Aber meine Laien-Crew ist mit der Zeit gewachsen und längst nicht mehr so wackelig wie zu Beginn.

Der morgendliche Bilgen-Check ergibt, dass wir das Leck offenbar wirklich gefunden haben – alles trocken. Außerdem hat der Dauerregen aufgehört. Hie und da kommt sogar die Sonne raus, gerade richtig für einen Tag in Kopenhagen. Ich kaufe dänisches Bio-Brot, und wir frühstücken im Cockpit. Dann müssen wir noch kurz umparken, weil unser Platz für den nächsten Tag schon wieder reserviert ist. Diesmal ganz entspannt. Jetzt weiß ich: Bei Heckbojen braucht man doppelt so lange Heckleinen – wir haben unsere beiden einfach zusammengebunden –, und man muss bereit sein, wenn die Boje zum Einfädeln nah am Schiff ist. Am späten Vormittag machen wir uns dann zu Fuß auf, Kopenhagen zu erkunden. Eine wunderbar relaxte und abwechslungsreiche Stadt. Wir schlendern durch die Straßen, setzen uns immer mal wieder auf ein Bänkchen, sehen dem städtischen Treiben zu und machen viele Fotos. Jonas mault nur mäßig wegen des weiten Fußmarsches. Eigentlich ist er den ganzen Tag auffallend gut gelaunt. Hoffentlich bleibt das so. Allerdings ist er mit seinen Wanderschuhen über einen spitzen Zaun geklettert und hat jetzt ein kleines Loch in der Sohle, im Socken und im Fuß. Hoffentlich entzündet sich das nicht. Erst mal humpelt er tapfer weiter mit. Mal sehen. Morgen kommen ja Jan und Tina und ihr Freund Martin. Martin kenne ich noch gar nicht. Martin ist Arzt und wollte gern mit auf die Segeltour kommen. Mir ist klar, wenn Tina und Jan ihn nett finden, dann ist er bestimmt auch nett. Dem werde ich Jonas' Verletzung direkt zeigen und dann entscheiden, ob wir ins Krankenhaus müssen.

Später laufen wir durch grüne Parkanlagen vorbei am Rosenborg Slot, dem Schloss am Rande des königlichen Gartens, und durch die Innenstadt zum Nationalmuseum. Jonas hält immerhin bis zur dänischen Frühgeschichte, den Runen und den Wikingern durch. Dann will er alleine zurück zum Schiff. Und ich schaffe es, ihn gehen zu lassen. Ich will schließlich Normalität, soweit es geht. Folglich kann ich ihn nicht wie ein Kleinkind ständig beaufsichtigen. Und als wir zurückkommen, ist er auch da, in seiner Koje. Am Abend macht er noch das Beiboot klar, weil wir Kopenhagens Kanäle damit erkunden wollen.

Der fliegende Crew-Wechsel hat geklappt. Seit dem 26. Juli, ein Uhr morgens, sind jetzt Tina, Jan und Martin aus der Schweiz an Bord. Die drei sollen die nächsten zwei Wochen bis nach Helgoland mit uns unterwegs sein. Es gab noch ein paar schnelle Mitternachts-Spaghetti, wir haben einander das Allerwichtigste erzählt und sind dann ins Bett gegangen. Um kurz vor vier habe ich Peter dann schon wieder zum Bahnhof gebracht und verabschiedet.

Heute ist es endlich mal sonnig und warm, sehr freundlich und angenehm. So habe ich mir den skandinavischen Sommer eigentlich vorgestellt. Am Vormittag haben wir Wäsche gewaschen und umgeräumt, schließlich sind wir jetzt zwei Leute mehr an Bord. Martin hat sich netterweise gleich Jonas' Fuß angesehen, ihn noch mal verarztet und Entwarnung gegeben: kein Krankenhaus, desinfizieren und Pflaster reicht.

Alle zusammen spazieren wir dann zum Nyhavn und essen dort echte dänische *røde pølser,* mit Karmin knallrot eingefärbte Brühwurste. Dann laufen wir weiter zum Christianshavn und dem Christiania-Viertel, wo ja tatsächlich überall offen Cannabis verkauft wird. Ein krasser Stresstest für Jonas. Und für mich. Ich spüre, wie ich in meinen besonders scharfen Aufmerksamkeitsmodus schalte. Okay, wir sind hier vier Erwachsene um Jonas herum. Er ist in sicherer Begleitung. Trotzdem lasse ich ihn nicht eine Sekunde aus den Augen. Wie gut, dass ich hier nicht allein mit ihm bin.

Jonas ist wohl auch erstaunt, wie offen hier gedealt wird. Auf jeden Fall sagt er: »Mami, guck mal, die machen das da einfach so.«

Bevor ich irgendetwas antworten kann, kontert Jan ganz cool: »Ja, aber du darfst ja jetzt nicht mehr, du hast ja schon.«

So ganz locker aus der Hüfte geschossen. Jonas sagt nichts mehr, und wir gehen weiter. Ich bin erleichtert. Zum Scherzen ist mir in dieser Situation einfach nicht zumute. Aber wie gut, dass jemand anderes so einen coolen Spruch bringt und damit die heikle Situation entschärft. Puh. Ich bin froh, als wir wieder auf dem Schiff sind.

Tina und Jan sind beeindruckend fix mit allem, was das Boot anbelangt, sie kennen die Kaimana natürlich richtig gut. Kaum sind sie zehn Minuten an Bord, stecken sie die Solarpaneele richtig an. Und reparieren außerdem das Radar. Sie haben eben doch noch mal einen ganz anderen Blick als ich auf das Boot. Im Vergleich zu mir sind das Segelprofis. Und es sieht dann auch gleich so einfach aus, wenn sie mir erklären, wie etwas funktioniert. Da werde ich noch einmal viel lernen, allein schon durchs Zugucken. Martin hingegen ist zum ersten Mal segeln, zeigt sich allerdings enorm wissbegierig. Im Übrigen hat er eine super Angelausrüstung dabei. Vielleicht werden wir auf der Kaimana in diesem Sommer doch noch frischen Fisch essen.

Später kaufen wir ein, kochen gemeinsam und essen reichlich Tomaten, Mozzarella und Cannelloni an Bord. Am Abend gehen wir ins Designmuseum, was uns gut gefällt. Alle in der neuen Crew haben einander inzwischen beschnuppert und für sympathisch befunden. Die Stimmung an Bord ist gut. Morgen wollen wir lossegeln, durch den Øresund nach Schweden. Sogar Jonas freut sich auf den Törn.

KAPITEL 9

Die klaffende Wunde

Was war ich in Sorge, damals, als Jonas mit seinen 13 Jahren Hals über Kopf nach Frankfurt zu seinem Vater gezogen ist. Eigentlich hatte mir mein Bauchgefühl von Anfang an gesagt, dass das keine wirklich gute Idee war. Aber mein Ex-Mann und ich haben nun einmal das gemeinsame Sorgerecht für die Kinder. Die Jungs sehen ihren Vater ja auch regelmäßig in den Ferien. Allerdings stand es wie in den meisten geschiedenen Ehen leider auch in unserer mit der Kommunikation nicht zum Besten. Die Absprachen, wann und wie die Kinder Ferienzeit bei ihrem Vater verbringen sollten, gestalteten sich bereits in der Zeit der Trennung sehr mühsam. Nach der Scheidung wurde es leider nicht einfacher.

Damals lief es für Jonas in der Schule gerade nicht besonders gut. Und er hatte, wie das in dem Alter gerne mal so ist, tausend und einen Konsumwunsch. Zu Beginn der Pubertät, mit 13, ist das ja nachgerade klassisch. Er hat richtige Forderungen gestellt. Das will er haben, und das auch noch. Einen Haufen Taschengeld und eine Playstation® – einfach sämtliche Teenie-Träume sollte ich ihm erfüllen. Lauter aberwitzige Sachen kamen dazu: keine Zahnspange mehr tragen und nicht mehr in die Schule gehen müssen und ähnliche Wünsche.

Jonas war wie viele Scheidungskinder hoch empfänglich für die Idee, dass es beim anderen Elternteil viel besser laufen könnte. Hinzu kommt natürlich, dass eine Großstadt für einen 13-jährigen Jungen ein spannenderes Pflaster darstellt als ein österreichisches Bergdorf. Klar. Außerdem habe ich drei Jungs, und mir ist bewusst, dass die natürlich auch den Vater brauchen. Auch wenn die Eltern geschieden sind. Ich weiß, dass ich als alleinerziehende Mutter in dieser Hinsicht nicht alle Löcher stopfen kann. Meine Söhne sollen und müssen ja auch wissen, wer ihr Vater ist. Deswegen habe ich damals – von heute aus gesehen vielleicht ein Fehler – zu Jonas gesagt:

»Wenn du nach Frankfurt ziehen willst, dann mach das, guck dir das an. Ich kann dich nicht zurückhalten. Hier ist es, wie es hier ist, und ich stelle dir keinen eigenen Fernseher aufs Zimmer und kaufe dir auch kein neues Handy oder veranstalte sonst irgendwelche Späßchen, damit du hierbleibst. Wenn du meinst, dass es dort besser ist, dann *check it out!*«

Ganz abgesehen davon hätte ich Jonas' Umzug nach Frankfurt rein rechtlich gar nicht verhindern können. Das gemeinsame Sorgerecht bedeutet eben auch, dass, wenn Jonas will und der Vater einverstanden ist, er nach Frankfurt ziehen kann. Einen 13-Jährigen kann ich ja auch nicht anbinden. Und Jonas dachte sich wohl, hey, das ist doch perfekt: In Frankfurt wird alles cool.

Und dann ging es sehr schnell. An Allerheiligen war das, da hatten die Jungs ein paar Tage schulfrei. In dieser Woche im November ist Jonas mitten im Schuljahr von jetzt auf gleich zu seinem Vater nach Frankfurt gezogen. Ich musste mich dafür noch an der hiesigen Schule vor dem Direktor rechtfertigen. Und ich habe mir gleich große Sorgen gemacht, ob und wie

Jonas in der Großstadt zurechtkommt. Sein Vater arbeitet viel, ist viel auf Geschäftsreise. Und es war leider überhaupt nicht besprochen, wer sich während der Abwesenheit des Vaters tagsüber um Jonas kümmern soll. Jonas war 13. Auch ein ganz gewöhnlicher 13-Jähriger braucht nach der Schule eine Ansprache, ein Gegenüber, irgendeine Struktur. Und Jonas hat ADHS. Er kann keinen Busfahrplan lesen. Der braucht das dreimal mehr. Es gab aber weder eine Tagesmutter, noch ein Au-pair-Mädchen, eine Leih-Oma oder sonst irgendjemanden. Aus meiner Warte hat Jonas' Vater die Erziehungsaufgabe, die er da so plötzlich übernommen hat, wohl kräftig unterschätzt. Vielleicht hat er sich gedacht, Jonas sei ja schon groß mit seinen 13 Jahren und stabil. Dass es reicht, wenn der Junge ein Handy hat, sodass er ihn anrufen kann, wenn er was braucht. Dann kriegt er noch ein bisschen Geld, und dann läuft das schon.

Es ist aber eben etwas anderes, ob man einander zwei, drei Wochen im Urlaub sieht oder ob man im Alltag zusammenlebt. Es hat ja durchaus einen Grund, dass ich nicht Vollzeit berufstätig bin. Trotz der Skikurse, die ich gebe, und der Arbeit für die Ferienwohnungen bin ich für meine Kinder rund um die Uhr ansprechbar und immer für die Familie da. Kinder erziehen bedeutet Arbeit. Und es braucht Zeit.

Ganz plötzlich war Jonas also weg. Ich habe von einem Tag auf den anderen nichts mehr von ihm gehört. Ich habe Jonas' Vater E-Mails geschrieben und Briefe. Sie blieben unbeantwortet. Das war schon sehr krass. Und ich hatte keine Handynummer von Jonas.

In den Weihnachtsferien kam Jonas dann drei Tage lang zu uns. Er war ein bisschen reumütig, nur ein bisschen, was halt so geht als 13-Jähriger: War schon toll in Frankfurt, aber hier ist es auch nicht so schlecht. Beim Abschied am Zug hat er dann allerdings sehr geweint und gesagt, er wolle eigentlich gar nicht zurück nach Frankfurt, sondern wieder bei mir und seinen Brüdern wohnen. Im Februar kam Jonas dann für kurze Zeit noch einmal zurück zu uns in die Berge. Im März musste er jedoch wieder nach Frankfurt zurück, denn inzwischen gab es einen Gerichtsbeschluss, der regelte, dass Jonas in Frankfurt bei seinem Vater wohnen und dort zur Schule gehen sollte.

Und wieder hatte ich nur sehr sporadischen Kontakt zu Jonas, gelegentliche Festnetztelefonate ein- oder zweimal im Monat, mehr nicht.

Diese Situation war furchtbar für mich – es fühlte sich an, als ob mein ältester Sohn gestorben wäre. Lieber laufe ich in Socken von unserem Bergdorf nach Hamburg und zurück, als dass ich noch einmal eine Woche jener Zeit erlebe. Hammerhart. Eine wirkliche Extremsituation, in der man wie auf Schienen fährt, um zu überleben. Nur atmen und ab und zu etwas essen, obwohl man keinen Hunger hat. Einfach irgendwie weitermachen. Ich musste ja zu Hause trotzdem den Betrieb aufrechterhalten, musste mich um die anderen beiden Kinder kümmern. Das war definitiv die schlimmste Zeit meines Lebens. Auch schlimmer als die Phase, in der ich meine Mutter gepflegt habe. Es war so brutal, als ob ein Teil von mir weggerissen worden wäre. Es wäre etwas ganz anderes gewesen, wenn ich gewusst hätte, dass es Jonas in Frankfurt gut geht. Aber ich hatte eben überhaupt keine Informationen. Es ging nicht darum, dass Jonas physisch weg war. Ich hätte kein Problem damit, wenn einer meiner Söhne ein Auslandssemester in Amerika machen würde, solange ich wüsste, bei welcher Familie er wohnt und in welche Schule er geht. Solange man miteinander kommuniziert, ist eine räumliche Trennung natürlich machbar. Aber bei Jonas wusste ich ja noch nicht einmal, auf welche Schule er geht. Obwohl ich als Mutter offiziell ein Recht darauf gehabt hätte, das zu erfahren. Ich wusste nichts über seine Lebensumstände. Und ich wusste, er ist ein labiler Junge. Da war emotional ein Loch, eine klaffende blutende Wunde. So etwas wünsche ich keinem, auch meinem ärgsten Feind nicht.

Ich habe mir tausend Gedanken gemacht. Ich kenne Jonas, ich war ja immer so gut wie allein für ihn verantwortlich, all die Jahre vorher. Ich weiß, dass ihm viele Alltagsdinge nicht leichtfallen. Als ADHS-Kind braucht er Unterstützung beim Strukturieren des Tagesablaufs: jemanden, der ihn ans Zähneputzen erinnert, ihm saubere Klamotten rauslegt und ihm sagt, wann er das Haus verlassen muss, um pünktlich in der Schule zu sein. Das ist das eine. Ich hatte zudem große Sorge, dass er Schwierigkeiten haben würde, sich in der Großstadt zu orientieren. Bisher hatte er ja in einem kleinen Dorf mit einer Hauptstraße und einer Buslinie gewohnt. Jonas ist außerdem auch keiner, der sich Hilfe holt, er fragt dann nicht, sondern er macht halt irgendwie. Ich hätte wesentlich weniger Sorge, Vincent allein in Frankfurt zu wissen oder letztlich sogar Max, weil beide da einfach anders gestrickt sind. Ich wusste, was passieren kann, wenn niemand auf Jonas guckt.

Natürlich habe ich anfangs gehofft, dass sich Jonas und sein Vater einfach beide zusammenreißen, dass sie das irgendwie auf die Reihe kriegen, allein schon aus jeweiligem Eigeninteresse. Aber als ich dann – zum Teil über Umwege von

Vincent und Max – erfuhr, dass Jonas' Vater auf Geschäftsreise in Australien, Amerika oder Asien sei, da habe ich mich gefragt, wie lange er wohl unterwegs ist und was in der Zeit eigentlich mit Jonas ist. Und dann habe ich versucht herauszufinden, ob vielleicht die Großeltern sich kümmern – nichts. Meine Mails liefen ins Leere, blieben unbeantwortet. Eine andere Kommunikationsmöglichkeit, als Jonas' Vater zu fragen, hatte ich nicht. Und da ich nie etwas gehört, Jonas nicht erreicht habe und ihn nicht fragen konnte, wie es denn in Frankfurt, an der neuen Schule, mit den Schulkameraden ging, wuchsen meine Sorgen. Schließlich habe ich mich einfach ans Telefon gehängt und verschiedene Schulen im Umkreis der Wohnung meines Ex-Manns in Sachsenhausen durchtelefoniert, um herauszufinden, auf welche Jonas eigentlich geht. Nur so habe ich das dann erfahren. Auch dass er zu Beginn wohl ein paar Mal die Schule gewechselt hatte.

Ich habe als Erkenntnis aus der ganzen Sache gewonnen, dass man nicht immer alles so machen kann, wie man will. Und es geht nicht immer so aus, wie man sich das vorstellt. Manches muss man loslassen, damit es zurückkommt. Und das ist heftig und hart. Ich habe drei Jahre lang geheult und geklammert und gezetert und mich immer wieder neu aufgegeben und neu erfunden, weil ich eben nicht loslassen wollte. Aber letztlich ging es nicht anders. Und vielleicht hatte das Loslassen dann auch sein Gutes. Immerhin bin ich jetzt mit Jonas zusammen auf dem Boot. Und das seit mehr als zwei Wochen am Stück. Dafür, dass wir so lange keinen Alltag miteinander geteilt haben, bin ich froh, dass es so läuft wie jetzt.

KAPITEL 10

Passagiere

Der Crew-Wechsel hat das Gefüge auf der Kaimana verändert, das spüre ich. Gleich am sonnigen Morgen beim Ablegen: Zu fünft sind ein schmaler Anlegeplatz und widerspenstige Heckbojen schlicht völlig unproblematisch. Wir können die Aufgaben an Bord ganz anders verteilen, und ich muss nicht an fünf Sachen gleichzeitig denken. Da fast kein Wind geht, fahren wir unter Motor an einigen Kreuzfahrtschiffen vorbei und verlassen den Hafen von Kopenhagen Richtung Norden. Jan ist am Steuer, Tina an Leinen und Segeln, Martin assistiert, und Jonas döst unter Deck in seiner Koje vor sich hin und hört Musik über Kopfhörer. Ich sitze an Deck und lasse meine Gedanken schweifen. Ich habe Pause – ich kann es kaum fassen!

Wir haben Strömung in Fahrtrichtung und rauschen teilweise mit über 7 Knoten dahin. Bei Helsingør überqueren wir das Verkehrstrennungsgebiet, es herrscht ziemlich reger Tankerverkehr. Gerade noch können wir vor zwei schnellen Containerschiffen durchschlüpfen, dann sind wir auf der schwedischen Seite und ersetzen die dänische Gastlandflagge durch die schwedische. Außerdem kann ich bei voller Fahrt ein ordentliches Mittagsmenü kochen. Und wir alle können es sogar auf See essen. Wenn man zu so vielen ist, von denen die Mehrheit segeln kann, ist alles total entspannt, das muss ich dauernd denken. Als Wind aufkommt, schalten wir den Motor ab und setzen den Spinnaker. Mit Peter und Jonas hätte ich mich das bei diesem inzwischen recht starken Wind auf dem viel befahrenen Øresund bestimmt nicht getraut. Der Spinnaker ist ja immer so eine Sache, das ist ein riesiges Beisegel, das eine Wahnsinnsgewalt hat. Davor habe ich großen Respekt. Wenn man sich die Spinnakerleine aus Versehen irgendwie um den Fuß wickelt, dann, tschack, ist man weg. Aber Jan und Martin wollen das Spinnakersetzen und -segeln optimieren. Und Jan weiß genau, was er tut. Also setzen sie ihn bei voller Fahrt. Mit dem bauchigen blauen Segel vorne sind wir dann noch schneller.

Es ist lustig, wenn man unter Deck in der Küche steht, kocht und aus dem Fenster guckt, während man so schnell segelt. Da sieht man dann abwechselnd das Meer und dann wieder den Himmel. Das hatte ich ja noch nie, diese Ruhe, diese entspannte Perspektive, sozusagen als Passagierin.

Nach dem Essen kommt Tina zu mir und sagt: »Franziska, jetzt hast du Urlaub, du musst mal nichts tun, nicht abspülen, lass mich das machen.« Dabei schaut sie mich ganz amüsiert an. Für mich ist das eben etwas Besonderes, hier auf einmal so relaxen zu können. Tina findet das ganz normal.

Ich spüre, die neue Crew bedeutet eine große Erleichterung für mich, erstens, weil jetzt Leute dabei sind, die richtig gut segeln können, und zweitens, weil wir mit Martin einen Arzt an Bord haben. Ich weiß, dass, falls Jonas einen Anfall kriegen sollte, ich in Martin einen kompetenten Sparringspartner haben werde. Nach den Medikamenten fragt Jonas im Augenblick kaum noch. Und solange er nicht fragt, gebe ich ihm auch keine. Ich bewahre sie gut versteckt auf, ich werde sie auch nicht wegschmeißen, aber solang keine Rede davon ist, verabreiche ich sie ihm nicht.

Alle an Bord sind richtig nett und angenehm im Umgang. Dazu dieses lustige Schwyzerdütsch, in dem Jan und Tina Martin immer sämtliche Segelsachen erklären, das gefällt mir. Lange habe ich kein Schwyzerdütsch mehr gehört, seit dem Studium eigentlich, aber ich verstehe es noch gut. Martin lernt wirklich schnell dafür, dass es sein erstes Mal auf einem Segelboot ist. Und er will auch dauernd überall helfen. Im Gegensatz zu Jonas, der gerade wieder in so eine passivere Rolle reinrutscht. Aber das macht nichts. Soll er ruhig mehr Passagier sein. Das ist auch einfach praktisch. Martin wundert sich zwar, dass Jonas nicht neugieriger aufs Segeln ist. Aber er stört ja auch nicht groß. Wenn es windet und das Boot stark schaukelt, legt sich Jonas einfach in seine Koje am Bug und schläft. Tief und fest. Auch gut, wirklich. Stressfrei. Wenn es länger dauert, steckt er mal den Kopf raus und fragt: »Sind wir schon da?« Wenn es dann heißt, nö, ist es für ihn auch okay, dann schläft er halt noch eine Runde.

Martin wirft beide Angeln aus, muss sie aber einige Male ganz schnell wieder einziehen, weil sich ein paar vorwitzige Möwen intensiver für die Köder interessieren als die Fische. Bisher also kein großer Fang, aber Martin arbeitet dran. Als wir am schwedischen Kullen-Felsen vorbeisegeln, fängt es an zu regnen. Nahe der Insel Hallands Väderö lassen wir in einer richtig coolen Ankerbucht den Anker auf 3,20 Meter runter. Mitten zwischen den Schäreninseln, nur noch ein anderes Boot ist da außer der Kaimana. Wir machen das Beiboot startklar. Als es gerade aufgeblasen ist, lässt Jonas versehentlich kurz die Leine los, und das Beiboot schwimmt ein Stück davon. Mist. Wir brauchen das Dingi, wir liegen hier recht weit von der Insel weg vor Anker. Zum Glück treibt der Wind es in die Bucht hinein. Jan und ich sehen das beide. Kurzerhand werfe ich die meisten Klamotten ab, springe hinterher und hole das Beiboot zurück. Mann, ist das Wasser hier kalt, auch im Sommer.

Am Abend fahren wir mit dem Beiboot zur Hauptinsel rüber und queren durch einen dichten Wald die halbe Insel bis nach Sandhamn zur gegenüberliegenden Bucht. Robben soll es hier auch geben. Die Gegend ist wunderschön. Zum Glück hat Jan die Taschenlampe dabei. Denn als wir um kurz vor elf am Abend zum Schiff zurückkommen, ist es im Wald schon richtig finster.

An das Übernachten vor Anker muss ich mich allerdings noch gewöhnen. So windig war es gar nicht, aber es gab eine kräftige Strömung, sodass große Wellen seitlich aufs Schiff schlugen. Geschlafen habe ich nicht wirklich viel. Dafür gab es heute eine wunderbare Morgenstimmung: Sonnenschein und blauer Himmel. So ist Skandinavien perfekt. Wir schippern um Hallands Väderö herum und ankern in einer Bucht weiter östlich. Der Strand der Hauptinsel mit weißem Sand und bizarren Felsen erinnert an die Karibik, sagen Tina und Jan. Die müssen es wissen, denn sie waren ja schon mit der Kaimana dort.

Am frühen Abend lichten wir den Anker und segeln Richtung Göteborg. Wir planen, rund zehn Stunden bei gutem Wind von der Seite gen Norden zu segeln. Bei einem spektakulären Sonnenuntergang und perfekten Segelbedingungen köpfen wir eine Flasche Sekt und stoßen auf uns und die Kaimana an. Jonas biete ich lieber kein Glas an. Er fragt allerdings auch nicht.

Wenig später frischt der Wind auf, und wir machen erst eines, dann das zweite Reff ins Großsegel. Ohne verdrehte Leinen und straff genug. Wie Profis halt. Ich lerne, dass man reffen muss, also die Segelfläche kleiner machen, wenn man das erste Mal daran denkt. Sonst ist es zu spät. Trotz des Reffs zischen wir mit Highspeed über das Kattegatt. Von Westen her kommen dann große, später riesige Wellen, die das Schiff sehr stark durchschaukeln.

Und innerhalb kürzester Zeit ist die gute Stimmung an Bord Geschichte. Über die Hälfte der Crew ist grün im Gesicht. Außer Jan, der tapfer durchhält, ohne sich zu übergeben, und Jonas, der sich wie ein Ypsilon mit den Füßen in der Bugkabine festklemmt und seelenruhig die gesamte wilde Segelnacht verschläft. Jonas ist bisher noch nicht einmal schlecht gewesen, seit wir unterwegs sind, das ist wirklich erstaunlich. Jedem an Bord war schon mal flau im Magen, nur ihm nicht. Jetzt müssen wir unsere Kräfte gut einteilen. Im Salon liegend navigiert Tina über die iPads, checkt den Kurs und das *AIS*, obwohl auch ihr hundeübel ist. Martin ist von der einen auf die andere Minute so schlecht, dass er sich permanent übergeben muss und keinen Finger rühren kann. Totalausfall. Von ihm hätte ich das am wenigsten erwartet, aber bei Seekrankheit steckt man halt echt nicht drin. Ich liege abwechselnd am

Boden, bin am Steuer oder halte Wache. Jan ist zum Glück die ganze Nacht fit. Einige Zeit steuert der Windpilot, die Wellen sind fast zwei Meter hoch, so schätzen wir, sie rollen die ganze Nacht über von der Seite an. Mir ist ziemlich schlecht. Da für Jan der Windpilot komplett neu ist und ich dessen System unter diesen Bedingungen, noch dazu im Dunkeln, nicht feintunen möchte, entscheiden wir, lieber von Hand zu steuern. Tina warnt uns ein paarmal vor Schiffen auf Kollisionskurs und ruft uns den Kurs, beziehungsweise ob wir mehr nach links oder mehr nach rechts steuern sollen, von unten zu. Der Wind ist im Cockpit so laut, dass man schreien muss, um sich überhaupt verständlich zu machen. Leider ist es total ätzend, seekrank zu sein. Es ist das erste Mal, dass es mir so hundeelend geht und ich spucken muss. Wenigstens bringen wir die 60 Meilen sehr schnell hinter uns.

Morgens um sieben machen wir endlich im Hafen von Gottskär im Kungsbackafjorden an Auslegern fest. Ich schleppe mich zur heißen Dusche im Hafen. Was für eine Wohltat nach dieser Nacht! Jetzt erst einmal ein paar Stunden schlafen. Bei Regen und Sturm räumen wir später das Boot auf, putzen gründlich, insbesondere das vollgespuckte Klo, und setzen alles wieder instand. Jonas hilft sogar ein bisschen mit. Gut, dass wir jetzt im Hafen sind. Martin backt Brot und Kuchen und macht zu Mittag Berner Rösti. Es erstaunt mich, dass ich doch wieder Appetit habe. In der vergangenen harten Nacht war an essen nicht zu denken. Und beim Abendspaziergang scheint sogar die Sonne. Wir spazieren an tollen schwedischen Designer-Häusern vorbei, mit Schwedenflagge im Garten und einem Volvo vor der Garage. Am Abend kreiert Tina einen neuen Kaimana-Drink, und ich kann mir schon gar nicht mehr vorstellen, dass mir überhaupt jemals schlecht gewesen sein soll. Morgen wollen wir einen Ausflug nach Göteborg machen.

KAPITEL 11

Ungewissheit

Ich ahnte, dass das nicht gut gehen konnte mit Jonas in Frankfurt. Oder dass es eben nur eine sehr kleine Chance hatte, gut zu gehen. Peter hat immer versucht, mich zu beruhigen, so nach dem Motto, *no news is good news*. Er hat gesagt: »Na, komm. Wenn du nichts hörst, kann es ja auch heißen, dass alles in Ordnung ist. Jonas ist doch ein intelligenter Junge, und er hatte ja bisher eine einigermaßen stabile Kindheit. Außerdem ist Jonas' Erziehung jetzt eben auch Aufgabe des Vaters.«

Ich hätte das zu gern auch so gesehen, aber die sporadischen Informationen, die aus Frankfurt zu mir drangen, waren so, dass ich mir nur noch größere Sorgen gemacht habe. So, dass es mir stets ein bisschen die Gurgel zugezogen hat.

Es gibt ja immer wieder Filme, in denen Vätern, die bis dato nichts von ihren Kindern wissen wollten, irgendwelche Babys vor die Tür gestellt werden. Und das läuft dann, turbulent zwar, aber letztlich immer super, inklusive Happy End. In Wirklichkeit ist es allerdings nicht so einfach.

Bei uns im Bergdorf haben erst einmal alle außer mir aufgeatmet, als Jonas nach Frankfurt gezogen ist. Die Schule. Das Jugendamt. Mein Vater. Peter, natürlich. Alle waren heilfroh, dass Jonas weg war, weil er hier in die Familie schon sehr viel Unruhe reingebracht hat. Und es war mit Jonas auch für mich immer anstrengend, teilweise war ich da schon ziemlich wrackmäßig drauf. Aber als Jonas dann weg war, war alles noch viel schlimmer. Die Ungewissheit hat mich regelrecht zermürbt.

Jonas' Brüder, Vincent und Max, sind in dieser Zeit ein bisschen stärker in den Mittelpunkt gerückt. Aufgeblüht kann man nicht wirklich sagen, weil Jonas ihnen auch sehr gefehlt hat. Die drei Brüder haben ein ziemlich enges Verhältnis zueinander. Aber ich hatte mehr Zeit für sie als vorher, weil doch etwas Energie freigeworden war. Früher war nie viel Zeit gewesen für Vincent und Max. Die kannten das nicht anders. Und ich finde auch, dass das nicht so schlimm ist. Man kann nicht allen Kindern gleich viel Zeit widmen. Ich musste mich immer mehr um Jonas kümmern. Ihm hinterher sein wegen der Hausaufgaben, ihm die Schultasche packen. Trotzdem habe ich, als Jonas nach Frankfurt zog, nicht gedacht: Gott sei Dank hat jetzt der Vater diese Verantwortung, jetzt muss er sich mal kümmern. Nein, es überwog meine Sorge um Jonas.

Anscheinend ist Jonas in Frankfurt bereits in der ersten Woche von der ersten Schule geflogen. Und auch in der zweiten Schule wurde Jonas' Vater nahegelegt, eine andere Schule für ihn außerhalb der Stadt zu finden, da er sich nach Aussage der Schulleitung den denkbar schlechtesten Umgang ausgesucht hatte. Das habe ich allerdings erst telefonisch von seiner besorgten Klassenlehrerin erfahren, als ich irgendwann im Dezember von Österreich aus systematisch sämtliche Schulen im Frankfurter Wohnumfeld meines Ex-Mannes angerufen hatte. Und so habe ich nach einigem Hin und Her die Telefonnummer seiner Klassenlehrerin herausgefunden. Diese zweite Schule, auf die Jonas offiziell ging, habe ich mir dann auch angeschaut, als ich wegen unseres Scheidungstermins acht Wochen später in Frankfurt war. Eine riesige Schule war das. Zu dem Zeitpunkt ging Jonas bereits ein paar Monate dorthin. Ich habe das Gespräch mit den Lehrern gesucht. Bei der Schulleitung habe ich keinen Termin bekommen; der war mein Anliegen offenbar nicht wichtig genug. Oder sie wollten sich da raushalten. Wobei auch die Lehrer zunächst eher abwehrend reagierten, anfangs gar nicht mit mir reden wollten. Wenn da jemand kommt, die Mutter eines Schülers, bei dem es richtig schlecht läuft, dann sagen sie: »Ja, da können wir auch nichts dafür.« Aber mir ging es gar nicht um die Frage, wer woran schuld sein könnte. Ich wollte lediglich wissen, was los ist. Deshalb bin ich schließlich einfach ins Lehrerzimmer marschiert und habe gesagt:

»Ich bin Jonas' Mama, mein Ex-Mann und ich haben das gemeinsame Sorgerecht. Ich habe ein Recht auf Auskunft.«

Dann haben sie schließlich doch mit mir gesprochen, und es wurde schnell sonnenklar, dass Jonas fast überhaupt nicht zur Schule ging. Dass er nur katastrophale Noten hatte, weil er einfach zu selten da war. Dass er, wenn er denn kam, auch mal zwei Stunden zu spät erschien. Dass er mit seinen 13 Jahren rauchte und sich auch schon im Unterricht eine Zigarette angezündet hatte. Die Lehrer sagten, sie hätten Sorge, dass er suchtgefährdet sei. Da hatte ich es also relativ schnell schwarz auf weiß, dass es eben überhaupt nicht gut lief. Und ich bin total erschrocken. Die Lehrer haben aber auch gesagt:

»Wissen Sie, wir wollen dem Vater ja auch nicht unterstellen, dass er Jonas nicht in die Schule schickt. Es kann ja gut sein, dass Jonas da ist, bloß gerade nicht in seiner Klasse. Das ist so ein großes Gelände, da haben wir jetzt auch nicht den Überblick, ob er da ist. Oder wo genau er sich befindet. Kann schon sein, dass er auf dem Schulgelände ist.«

Da dachte ich, wo sind wir denn hier? Bei dieser Aussage blieb mir dann doch die Luft weg, das empfand ich als ziemliche Katastrophe. Auf jeden Fall habe ich erwidert:

»Ich möchte Jonas hier rausholen. Ich möchte ihn mitnehmen. Sie haben auch etwas davon: Sie sind ihn dann los.«

Mit allen Mitteln habe ich im Anschluss versucht, die Lehrer davon zu überzeugen, mir eine schriftliche Einverständniserklärung zu geben, dass es Jonas auf dieser Schule nicht gut geht und dass auch sie dafür plädieren, ihn zurück zu mir und seinen Brüdern nach Österreich ziehen zu lassen. Denn einfach so mitnehmen konnte ich Jonas nicht. Es galt noch immer der Gerichtsbeschluss, der besagte, dass Jonas in Frankfurt bei seinem Vater leben sollte.

Irgendwann haben die Lehrer Jonas zum Gespräch dazugeholt. An dem Tag war er also offenbar doch anwesend. Da hatte ich Jonas bereits mehrere Monate nicht mehr gesehen. Als er dann in dieses Lehrerzimmer kam, musste ich mich sehr zusammenreißen, um nicht gleich loszuheulen. Und im Verlauf des Gesprächs haben die Lehrer mir dann doch zugestimmt, dass Jonas in Frankfurt nicht gut aufgehoben sei und lieber die Schule wechseln sollte. Sie hätten das dem Vater auch schon mehrfach mitgeteilt, sagten sie, aber bislang sei nichts geschehen und daher sei Jonas immer noch bei ihnen angemeldet.

Natürlich konnten mir die Lehrer eine solche schriftliche Einverständniserklärung nicht einfach so ausstellen, ohne den Vater zu informieren. Das ist eben die Krux beim gemeinsamen Sorgerecht. Es geht davon aus, dass die Eltern eines Kindes miteinander kommunizieren und sich einigen. Wenn ein Elternteil nicht kommuniziert, wird es schwierig. Und einen Machtkampf auf dem Rücken der Kinder kann das gemeinsame Sorgerecht nicht verhindern. Immerhin hat die Schule dem Vater dann erneut schriftlich nahegelegt, Jonas auf eine andere Schule zu schicken. Allerdings hatte die Schule rechtlich auch bald keine Handhabe mehr, weil Jonas nicht mehr unter die Schulpflicht fiel. Aber mir kam es schon wie eine ziemliche Laissez-faire-Haltung vor, so nach dem Motto, Jonas kommt ja sowieso nicht mehr. Also können sie da auch nichts machen.

Und so hatten sich leider meine schlimmsten Befürchtungen bestätigt. Zur Schule ging Jonas in dieser Zeit kaum. Er war offenbar suchtgefährdet, blieb aber bei seinem Vater in der Großstadt, der weiter nicht oder kaum mit mir kommunizierte.

Ein paar Wochen später, als ich wieder zu Hause in Österreich war, bekam ich eines Morgens um acht aus heiterem Himmel eine E-Mail einer Mitarbeiterin des Frankfurter Jugendamts: Sie brauche jetzt sofort bis spätestens zwölf Uhr mittags eine Unterschrift von mir zwecks Jonas' Unterbringung in einer kinderpsychiatrischen Klinik. Da habe ich erst einmal gefragt:

»Moment. Wer sind Sie? Was ist da los? Ich möchte bitte, bevor ich irgendetwas blanko unterschreibe, so von jetzt auf gleich, darüber informiert werden, worum es geht. Es ist ja gut, wenn ich jetzt eine konkrete Ansprechpartnerin habe. Aber bitte, sagen Sie mir doch, was Sache ist.«

Und da kam dann erst einmal nichts. Bis auf der Vorwurf, ich würde mich anscheinend nicht um meinen Sohn kümmern, wenn ich das nicht sofort unterschriebe. Also habe ich unterschrieben. Aber danach habe ich insistiert und die Mitarbeiterin des Jugendamts erneut kontaktiert. Und in diesem Gespräch kam dann plötzlich raus, dass es guten Grund gab, sich große Sorgen zu machen. Jonas sei dem Jugendamt als verwahrlost aufgefallen, er ginge nicht zur Schule. Er triebe sich auf der Straße und im Bahnhofsviertel herum, und er konsumiere Cannabis. Es hatte sich also alles bewahrheitet, was ich wusste oder ahnte. Nur, dass es eigentlich noch viel schlimmer war. Die erschreckenden Beschreibungen des Jugendamts stellten allerdings allesamt Momentaufnahmen dar. Sie dokumentierten einen Ist-Zustand. Es gab seitens des Jugendamts keinerlei konstruktive Überlegungen, was denn nun zu tun sei. Keine Vorschläge oder Handlungsoptionen, es gebe diese Möglichkeit oder jene, man könne ja dieses versuchen oder jenes. Nichts. Ich habe dann sofort und in der Folge dem Frankfurter Jugendamt immer wieder gesagt:

»Ich nehme Jonas sofort zurück, in jedem Zustand. Sie müssen ihn mir nur lassen.«

Daraufhin kamen vom Jugendamt doch Vorschläge. Jonas bräuchte eine Struktur. Und sie überlegten jetzt zusammen mit dem Vater, Jonas nach Frankreich oder nach Alabama in ein Bootcamp zu schicken. Nach Frankreich, weil er da die Sprache nicht spräche, das wäre dann doch ein guter Neuanfang. Mir kam das vollkommen aberwitzig vor. Und ich habe mir gedacht: Hey, wie sehr muss man mit dem Rücken zur Wand stehen, um auf solche Ideen zu kommen? Und dass man so gar nicht hinhört, wenn ich doch sage, ich nehme Jonas jederzeit wieder zu mir und seinen Brüdern nach Hause. Ich hatte das Gefühl, ich dringe mit meinem simplen Vorschlag gar nicht durch. Das war wirklich furchtbar.

Auf jeden Fall habe ich mir tausend und einen Gedanken gemacht, wie ich Jonas in dieser Situation helfen könnte. Natürlich habe ich auch dagesessen, mit mir gehadert und mich gefragt, wieso ich Jonas überhaupt nach Frankfurt habe gehen lassen. Aber nur im Eck hocken und heulen und sich denken: »Mein Gott, ich habe alles falsch gemacht. Was hätte ich bloß alles anders machen können«, bringt ja auch keinem etwas. Fehler machen gehört zum Leben und zum Lernen dazu. Niemand ist perfekt. Es ist wichtig, diese Phase des Haderns zu durchlaufen. Aber dann muss man das möglichst schnell abhaken, finde ich. Und sich fragen: »Okay, was ist jetzt zu tun?« Es geht darum, in so einer Krise nach vorne zu schauen und sich mit dem Problem auseinanderzusetzen, das gerade akut ist. Ich zumindest kann das nicht anders machen als so. Denn auch ich habe nicht unendlich viel Energie. Mit Vergangenem kann ich mich nicht so stark belasten. Ich glaube auch, dass Vorwürfe ganz generell sehr kontraproduktiv sind. Genauso, wie sich ewig zu fragen: »Wer ist schuld?« So als ob, wenn das geklärt wäre, man ja keine Lösung mehr finden müsse, denn dann weiß man ja, wer schuld ist. Das ist doch Unsinn.

Mein Kontakt zu Jonas in dieser Zeit blieb sporadisch: Im Frühjahr kam er mit seinem Vater kurz nach Österreich anlässlich der Feier von Max' Kommunion und Vincents

Firmung. In den Sommerferien war Jonas zuerst mit seinem Vater und den Brüdern unterwegs und dann in einem Feriencamp in Spanien. Gesehen habe ich ihn erst wieder im Oktober und an Weihnachten jeweils für ein paar Tage bei uns im Dorf. Im Februar darauf kam Jonas eine Woche lang mit seiner Frankfurter Freundin Caro zu uns in die Berge. Das war, als Caros Mutter mich anrief und mir berichtete, dass Jonas zeitweise bei ihr und Caro wohne.

Anfang Dezember jenes Jahres dann, ziemlich genau drei Jahre nach Jonas' Umzug nach Frankfurt, erhielt ich aus dem Nichts heraus gegen neun Uhr abends einen Anruf von Jonas' Vater. Extrem ungewöhnlich. Er ruft mich sonst wirklich nie an. Er war sehr aufgebracht. Es hat eine Weile gedauert, bis ich begriffen habe, was los war. Mein Ex-Mann hatte in Jonas' Zimmer ein Tütchen mit weißem Pulver gefunden. Daraufhin hat er die Polizei gerufen und ihr diesen Fund übergeben. Es gab deswegen einen heftigen Streit zwischen ihm und Jonas, in dessen Folge Jonas von zu Hause abgehauen ist. Da erst wurde mir klar: Jonas konsumiert offenbar nicht nur Drogen, er handelt auch mit Drogen. Oder er versteckt sie für andere. Und jetzt war er nachts allein irgendwo auf den Straßen Frankfurts unterwegs. Da habe ich wirklich Panik gekriegt. Ich habe immer nur gedacht: »Irgendjemandem fehlt jetzt dieses Tütchen mit dem weißen Pulver.« Ich bin halb wahnsinnig geworden vor Angst. Mitten in der Nacht um halb drei klingelte dann Vincents Handy. Vincent war sofort wach und dran. Es war Jonas. Er sagte seinem Bruder, irgendwelche Banden seien vermutlich hinter ihm her. Er müsse sich verstecken. Ich hab' dann ganz hektisch zu Vincent gesagt:

»Sag Jonas, er soll das Handy wegschmeißen, oder er soll wenigstens nicht die ganze Zeit am Handy sein, denn sonst kann man ihn ja orten. Und er soll sich bloß gut verstecken.«

Und das war dann der Moment, in dem ich gedacht habe: »Jetzt fahre ich mit dem Auto nach Frankfurt und hole Jonas. Ist mir ganz egal wie, ich mache das, ich finde ihn.« Ich hatte plötzlich die naive Vorstellung, ich laufe da auf den Straßen rum und frage irgendwelche anderen Drogenabhängigen und finde ihn. Die sagen mir: »Ja, ja, dahinten, da ist Jonas.« Und ich ziehe ihn dann wie mit so einem Kran einfach aus der schlimmen Situation raus.

Peter hat es geschafft, mir klarzumachen, dass das – vor allem in einer Großstadt wie Frankfurt – nicht funktionieren würde. Er hat gesagt:

»Du kannst jetzt nicht einfach so nach Frankfurt fahren. Du findest Jonas doch gar nicht. Und ihn dann einfach mitnehmen? Wie soll denn das gehen? Und in deinem jetzigen Zustand, so von Angst getrieben, ist das ohnehin keine gute Idee. Außerdem hast du hier auch noch Verantwortung für Vincent und Max.«

Auch Hannes, mein Freund von der Skischule, und andere haben auf mich eingeredet: »Wenn du nicht heil zurückkommst, geht hier auch alles den Bach runter.« Ich bin dann nicht gefahren, und das war besser so. Ich war in keiner guten seelischen Verfassung, ich hatte eine Höllenangst, hatte da wieder mal ein paar Nächte hintereinander kaum geschlafen vor Sorge. Und jetzt diese Extremsituation. Das war der definitive Nullpunkt. In diesem Moment habe ich mich komplett von jeglicher Form von Normalität in Jonas' Leben verabschiedet. Ob er drogenabhängig bleibt oder nicht, ob er einen

Schulabschluss machen, einen Beruf wird ergreifen können oder nicht – all das war mir in diesem Augenblick vollkommen egal. Ich habe nur gedacht: »Ich will bloß, dass Jonas lebt.« Das war die *bottom line:* lebendig. Bitte nicht erschossen von irgendwelchen Drogenbanden.

Mir war klar, dass das in Frankfurt nicht so ist wie bei uns im Bergdorf. Hier kommt so schnell niemand gewaltsam zu Tode. In einer Großstadt wie Frankfurt, in einem Umfeld, in dem mit Drogen gehandelt wird, sieht es da schon ganz anders aus. Das war mir bewusst. Ich bin tausend Tode gestorben. Vor Angst. Und weil ich in dieser Situation zur Untätigkeit verdammt war. Diese Ohnmacht, nichts tun zu können, zuschauen zu müssen, warten zu müssen, das war das Allerschlimmste für mich.

Erst eine Woche später, eine höllische Woche später ist Jonas dann wieder bei seinem Vater aufgetaucht. Der hat ihn direkt der Polizei übergeben. Nicht ohne ein Riesentheater, denn Jonas war völlig zugekifft und wollte natürlich nicht freiwillig mit der Polizei mitgehen. Er wurde in Handschellen abgeführt. Das habe ich allerdings erst später in den Protokollen gelesen. Eine erschütternde Lektüre. Dort stand unter anderem, Jonas neige zur Gewalttätigkeit. Jonas wurden zwei Wohnungseinbrüche in der Nachbarschaft zur Last gelegt. Eigentlich kommt man in so einem Fall in Untersuchungshaft. Da Jonas erst 16 war, kam er allerdings noch in derselben Nacht um halb drei in eine sogenannte Untersuchungshaftvermeidungsanstalt im Westerwald. Zum Glück war da gleich ein Platz frei, da hatte Jonas offenbar einen Schutzengel.

Später habe ich aus dem forensisch-psychiatrischen Gutachten des Instituts für Rechtsmedizin erfahren, dass es gegen

Jonas zu diesem Zeitpunkt bereits mehrere Anzeigen wegen Diebstahl, Hausfriedensbruch und Ruhestörung gegeben hatte. Die hatten bis dato allerdings immer nur dazu geführt, dass Jonas 24 Stunden lang in eine Notunterkunft kam und dann wieder zurück nach Hause gebracht wurde. In dem Gutachten war auch zu lesen, dass Jonas zu Protokoll gab, seit seinem 13. Lebensjahr Marihuana geraucht und richtig viel damit gedealt zu haben.

Bis dahin wusste ich das alles nicht. Ich hatte Jonas ja seit zwei Jahren fast nicht gesehen. Und da ich keine Handynummer von ihm hatte beziehungsweise er oft wochenlang kein Handy besaß und seine Nummern ständig wechselten, konnte ich auch keinerlei regelmäßige Verbindung zu ihm aufbauen. Wir hatten einfach keine Möglichkeit zur regelmäßigen Kommunikation.

KAPITEL 12

Ruhiges Fahrwasser

Die Segeletappe mit Tina, Jan und Martin ist richtig erholsam für mich. Alles Seglerische klappt gut und macht mir riesigen Spaß. Und die Gruppendynamik funktioniert ebenfalls. Jonas macht das meiste einfach mit, weil es alle machen. Außerdem ist er längst nicht mehr so ein erschöpfter nasser Fetzen wie zu Beginn unserer Reise. Zwar schläft er immer noch mehr als wir, *d'accord,* aber hey, er ist eben auch ein Teenager. Meeresluft, Salz und Sonne tun seiner Haut gut. Trotz des recht wechselhaften Wetters hat er ein bisschen Farbe bekommen. Vielleicht ist diese Zeit auf dem Boot für Jonas auch ein ganz gutes Training in sozialer Hinsicht. Denn mein Lebensgefährte Peter und Jonas kannten einander ja bereits, bevor sie gemeinsam als Segelnovizen an Bord der Kaimana gegangen sind. Peter gehört quasi zur Familie, er wusste also um Jonas' Eigenheiten und auch, worauf er sich einließ.

Ganz anders verhält es sich mit Jan, Tina und Martin. Das sind Erwachsene, die Jonas vorher noch nie gesehen hat. Wahrscheinlich ist es auch für ihn einfach angenehmer, auf dem begrenzten Platz, den so ein Boot bietet, vor ihnen keinen großen Streit mit mir vom Zaun zu brechen. Wenn ich Jonas anschaue, denke ich mir schon manchmal, er hat hier nicht gerade viel Spielraum. Er klemmt fest auf dem Schiff, kann nicht vor und nicht zurück, kann nichts selbst entscheiden, sondern muss sich irgendwie in den Alltag an Bord fügen. Ich habe zwar nicht den Eindruck, dass ihn das besonders stört, aber es gibt eben auch keine Alternative. Wie auch immer, Jonas kommt beispielsweise auf den gemeinsamen Ausflug mit Bus und Zug nach Göteborg umstandslos mit, obwohl es ein simples Sightseeingprogramm ohne extra Teenie-Highlights ist: Shoppingarkaden, Bummeln durch die Altstadt, Vorbeischlendern am Jachthafen. Zwischendurch gibt es schwedische Köttbullar. Sogar die eindrucksvolle Haga-Kirche Göteborgs sieht sich Jonas mit uns an.

Bei sonnig-windigem Wetter, unterbrochen von kurzen Schauern, segeln wir weiter zur Schäreninsel Ramnö: Sie besteht aus nichts als Felsen, ein paar Bäumen und Sträuchern. Vor allem bietet sie eine wunderschöne Aussicht über die umliegenden Schären und das Meer. Quer über das Kattegat segeln wir dann zum Hafen Østerby auf der Insel Læsø. Ich habe mich inzwischen daran gewöhnt, dass hier ab und zu ein kräftiger Schauer niedergeht. Wenn dann wieder die Sonne scheint, ist gleich wieder Sommer – schwedisch-dänischer Sommer. Leider haben wir immer noch keinen einzigen Fisch an der Angel. Aber noch geben wir nicht auf.

Vielleicht auch, weil es mit dem Angeln nicht so recht klappen will, beginnt Jonas, sich genauer dafür zu interessieren, wie die Fenderknoten gehen. Bisher habe ich auf dieser Reise die meisten Knoten, die Festmacherknoten ohnehin, aber eben auch die Fenderknoten, geknüpft. Beim Anlegen muss man die Fender ja immer wieder verschieben, damit die Kaimana keine anderen teuren Jachten beschädigt oder selbst Schaden nimmt. Und Jonas fragt sich jetzt, wie man diese Knoten eigentlich knüpft. Ich zeige es ihm. Er begreift es nicht sofort, aber das macht ja nichts. Er bleibt dran und probiert immer wieder daran rum. Er interessiert sich von sich aus für etwas Wichtiges auf dem Boot. Es ist ein kleines Detail, aber ich bin total stolz auf ihn.

Tina muss morgen zurück in die Schweiz. Zu ihrem Abschied und auf besonderen Wunsch der Schweizer Mannschaft bereite ich Tiroler Speckknödel zu, was zuerst komplett schief geht, weil die Knödel alle auseinanderfallen und zu Brei werden. Doch die Crew fällt unter viel Gelächter auch über den Knödel-Pamps her und behauptet, er schmecke köstlich. Beim zweiten Mal gelingen die Speckknödel dann und werden fest. Am Abend spazieren wir noch lange den Strand entlang, lachen viel und genießen den Sonnenuntergang.

Heute, am 1. August, ist es sonnig, warm und trocken. Wir bringen Tina zur Fähre und fahren dafür mit dem Bus einmal quer über die Insel. Tina hat eine kleine Weltreise vor sich – bis nach Luzern. Zurück am Schiff parken wir noch schnell um, da unsere Päckchen-Nachbarn alle wegsegeln wollen, und haben dann einen sonnigen Logenplatz in der ersten Reihe: Powerfrühstück mit Hafenkino. Alle zusammen putzen wir anschließend die Kaimana.

Dann kommt Martin auf die Idee, Fahrräder auszuleihen. Wenn ich das vorgeschlagen hätte, ohne dass Jan und Martin dabei gewesen wären, hätte Jonas bestimmt gesagt, er setze sich doch auf kein Fahrrad, er habe doch keine Lust, sich anzustrengen, er könne das doch bestimmt gar nicht mehr. Aber so? Er kriegt ein Fahrrad wie alle anderen, und wir radeln los. Ganz stressfrei. Es ist das erste Mal seit vielen Monaten, dass Jonas wieder Fahrrad fährt. Und wenn ich ihn so beobachte, wie er in die Pedale tritt, sehe ich: Es macht ihm tatsächlich Spaß. Wie schön. Unser Radausflug führt uns auf schmalen Wegen am Meer entlang, über Wiesen und Felder und durch Wälder, kreuz und quer über Læsø.

Es wäre wirklich blöd gewesen, wenn Jonas sich gesperrt hätte. Was hätte ich dann gemacht? Wäre ich mit den anderen mitgefahren? Hätte ich ihn alleine gelassen oder lieber nicht? Das ist echt gut gelaufen. Irgendwie so ganz nebenbei. Und es zeigt mir, wie gut Jonas diese Gruppe tut.

Wir fahren bis zur Salzsiederei, wo wir live sehen, wie man früher Salz aus dem Meer gewonnen hat. Das Meerwasser wird in riesigen Wannen über noch größeren Feueröfen so lange geköchelt, bis weiße Salzkristalle abgeschöpft werden können. Außerdem radeln wir an mit Seetang gedeckten Häusern vorbei, die so ähnlich aussehen wie Reetdachhäuser, deren Dächer aber viel mächtiger und zerzauster sind – wie Schlumpfhäuser. Bis ganz in den Westen der Insel fahren wir. Sanddünen, hohes Gras, blaues glitzerndes Meer: Dänemark *at its best!* Und überhaupt kein Gemecker von Jonas.

Wir planen, entlang der Ostseite Dänemarks Richtung Nord-Ostsee-Kanal zurücksegeln. Für morgen richtet sich die Crew auf einen langen Segeltag ein, denn wir versuchen, in 24 Stunden bis Samsø zu kommen. Da wir auch auf mögliche Seekrankheit und eventuelle Schwierigkeiten, unter Deck zu hantieren, vorbereitet sein wollen, machen wir Popcorn, schneiden Speck und legen allerhand Tüten und Flaschen im Cockpit bereit. Als alles vorbereitet ist, schmeißen wir den am Hafen von Læsø fest installierten Grill an und brutzeln gemeinsam mit ein paar dänischen Seglern Steaks. Lange sitzen wir noch zusammen, plaudern und genießen den nordischen Sommerabend.

Jan hat mithilfe des Wetterberichts und der Strömungsvorhersage ausbaldowert, dass wir um die Insel Anholt herumsegeln müssen. Wenn der Wind dann dreht, wollen wir die Strömung unterhalb ausnutzen und anschließend in einem Bogen Richtung Samsø segeln. Dieser Plan geht fast auf. Es ist sonnig und windig. Wir kreuzen mehrfach die Tankerspur, auf dem *AIS* ist aber gut zu sehen, wer alles daherkommt und wie schnell. Früher fand ich Großschifffahrt ja total stressig. Aber mit dem *AIS* ist es wirklich einfach. Nur ein paar Fischerboote sind ohne *AIS* unterwegs, die erkennt man aber auf dem Radar. Einmal kommt eine Schnellfähre recht nahe an uns heran, aber richtigen Stress haben wir mit dem Schiffsverkehr keinen. Unter uns dreien – gemeint sind Jan, Martin und ich – teilen wir die Zeit in Zwei-Stunden-Schichten auf: Jeder hat zwei Stunden Wache und dann vier Stunden frei, außer Jan, der fast immer Wache oder Wachbegleitung hat. Dieser Rhythmus ist recht gut. Trotz *AIS* und Radar muss nachts einfach immer jemand an Deck die Augen aufhalten, um die Lichter der anderen Schiffe, Fähren und Tanker im Blick zu haben. Jonas beziehe ich bei den Wachen nicht ein. Für diese Aufgabe fehlt ihm der Überblick. Bei den vielen Stunden auf See verhält er sich wie ein Passagier. Ab und zu steckt er die Nase aus der Bugkabine. Immerhin macht er Tomaten und Mozzarella für uns. Kurz ist er auch mal am Steuer. Dass Jonas beim eigentlichen Segeln eine große Hilfe wäre, kann ich nicht wirklich sagen, aber er stört auch nicht, ist nicht im Weg. Zum Glück ist ihm nach wie vor auch bei den größten Wellen nie schlecht. Dann verschläft er die Seetage halt. Es könnte natürlich besser, aber auch viel schlechter sein.

Nach einem wunderschönen Sonnenuntergang herrscht in der Nacht leider fast komplette Flaute, und wir fahren daher einige Zeit unter Motor. Es ist die Ruhe vor dem Sturm. Wie angekündigt, kommt um fünf Uhr morgens etwas Wind und ab sieben Uhr dann sehr viel Wind auf. Wir entscheiden, da der Hafen von Samsø nur auf Kreuzkurs, also im Zickzack, erreichbar gewesen wäre und das auch noch an diversen Untiefen vorbei, die Insel Tunø anzusteuern. Unterhalb von Samsø wird es dann richtig ungemütlich, Wind in Sturmstärke und dazu prasselnder Regen von allen Seiten. Jan wäscht es am Steuer regelrecht durch.

Bei ziemlich hohen Wellen und starkem Sturm laufen wir schließlich in den Hafen von Tunø ein. Jan legt bei Starkwind im vollen Hafen ein super Anlegemanöver hin, und wir werfen im zweiten Versuch unsere Leinen zu einer deutschen X-Jacht hinüber und machen uns im Päckchen dort fest. Dabei nehme ich aus dem Augenwinkel wahr: Jonas knotet die Fender auf

Jans Kommando hin in relativ zügigem Tempo ab und an den richtigen Stellen wieder an. Jonas entwickelt sich zum Fender-Chef. Hey. Wie cool. Immerhin.

Ganz wichtig ist beim Segeln – gerade in brenzligen Situationen wie so ein Anlegemanöver bei Sturm –, die Ruhe wegzuhaben. Hektisch werden hilft auf dem Boot gar nicht. Man muss lernen, gelassen zu bleiben und mit Bedacht die richtigen Entscheidungen zu treffen. Allein schon, weil das Wetter so schnell umschlagen kann, muss man es oft nehmen, wie es kommt, muss flexibel bleiben. Nicht alles ist genau planbar, aber vorbereitet sein und den Überblick behalten, das hilft oft. Manchmal denke ich, wenn ich diese Einstellung aufs Leben generell übertragen kann, dann habe ich gewonnen. Segeln als Lebensschule sozusagen. Ob das bei Jonas auch so ankommt, weiß ich natürlich nicht. Ich weiß nur, dass es gut ist, wenn er seine kleinen Aufgaben wie die mit den Fendern zuverlässig erledigt und dafür Anerkennung von mir und der Crew bekommt.

Wir sind seit 27 Stunden auf See und 135 Seemeilen weiter. Ich bin fix und fertig und klatschnass und muss jetzt erst mal ein paar Stunden schlafen.

Am nächsten Tag ist es sehr stürmisch, Wind aus Südwest, genau aus der Richtung, in die wir eigentlich segeln wollen. Also bleiben wir im Hafen und machen einen Inselspaziergang. Hier auf Tunø gibt es an der höchsten Stelle eine kleine Kirche, deren Kirchturm zugleich ein Leuchtturm ist. Wie gemalt sieht sie aus. Leider dreht der Wind den ganzen Tag lang nicht. Wir beratschlagen, holen übers *SSB*-Radio verschiedene Wetterprognosen ein und schmieden einen neuen Plan: Den ärgsten Sturm, der in der Nacht durchziehen soll, warten wir hier in Tunø ab. Morgen starten wir ganz früh, wenn der Wind nicht mehr so stark ist und hoffentlich mehr aus Westen kommt. Laut Messgerät am Mast der Kaimana hatte es heute in Böen bis Windstärke 8. Gut, dass wir sicher im Hafen sind. Im *VHF*-Radio kommt seit gestern ständig *gale warning* für die *Tyske Bugt*, also Sturmwarnung für die Deutsche Bucht, die Ausläufer dieses Sturmes bekommen wir hier ab. Für den langen Segeltag morgen backen wir Brot und Kuchen.

KAPITEL 13

Im Westerwald

Vor der Gerichtsverhandlung im April war Jonas für mehrere Monate in einer evangelischen Jugendhilfeeinrichtung im Westerwald. Dort werden straffällig gewordene Jugendliche untergebracht, denen man eine längere Untersuchungshaft in einer regulären Jugendstrafanstalt ersparen will. Wenn man sich diese Einrichtung im Internet anschaut, sieht sie vertrauenswürdig aus, wie ein Ort, der getragen ist von dem guten Willen, den kriminell gewordenen Jugendlichen zu helfen, wieder ein straffreies und selbstverantwortliches Leben zu führen.

Und natürlich war das für Jonas ein Glücksfall: Die Jugendlichen lebten da in Zweierzimmern. Es wurde gemeinsam gefrühstückt, und ab und zu ging es in den Hof, Blätter zusammenkehren. Es war wenigstens ein kleines bisschen familiär. Es war viel besser als es in der Stadt in einer regulären Strafanstalt oder in einer U-Haft-Einzelzelle gewesen wäre.

Trotzdem war es selbstverständlich furchtbar zu wissen, dass mein Sohn offiziell drogensüchtig, dazu mehrfach straffällig geworden und jetzt eingesperrt war. Und ich machte mir auch Gedanken darüber, in welchem Umfeld er sich da wohl befand. Aber, und das ist nicht zu unterschätzen, es war ein enorm großer Lichtblick für mich, endlich wieder eine Art von Kommunikation zu ihm aufbauen zu können. Zum ersten Mal wusste ich genau, wo Jonas war. Ich durfte ihn einmal pro Woche anrufen, und ich konnte ihm Briefe an eine feste Adresse schreiben. Ich wusste, er kriegt meine Briefe auch in die Finger. Das war ein Unterschied zu vorher wie Tag und Nacht. Eventuell ist es von außen schwer zu begreifen, aber das bedeutete für mich einen Riesenfortschritt. Sobald Jonas in dieser Einrichtung war, habe ich ihm einfach jeden Tag einen Brief geschrieben. Wirklich jeden Tag. Zwei, drei oder auch mal vier Seiten lang. Das war ja in der Winterzeit, und ich habe ihm ganz einfach aus meinem Alltag berichtet: Details wie »Ich habe jetzt einen neuen Ski-Kurs und da habe ich den und den Schüler und der nervt ein bisschen und heute war mir so was von kalt, zum Mittag gab es Spaghetti Bolognese und zwei Jungs aus Max' Klasse waren mit beim Klettertraining« – ganz banale Alltagssachen. Es ist gar nicht so einfach, jemandem täglich einen Brief zu schreiben. So viel passiert ja meist gar nicht. Ein bisschen habe ich mir auch meine Gefühle von der Seele geschrieben: »Ich freue mich schon so auf die Zeit, wenn du wiederkommst. Ich bin ein bisschen traurig, dass du jetzt nicht da bist. Aber du wirst bestimmt wiederkommen, und dann gehen wir zusammen Skifahren. Hier haben sie einen neuen Skilift gebaut. Den zeige ich dir dann.« Das waren jetzt nicht die großen Mutter-Sohn-Offenbarungsbriefe, die man vielleicht einmal im Leben schreibt, sondern schlicht mein Alltag, den ich zu Papier gebracht habe. Was ich so mache und was ich gerade gut finde und was nicht. Einfach, um eine Verbindung zu schaffen. Und die Briefe habe ich jedes Mal beendet mit »Ich habe dich lieb, und wir denken an dich.« Ein paar Lebensweisheiten habe ich schon in die Briefe gepackt, zum Beispiel, dass Gesundheit das Wichtigste im Leben ist und dass man das eben erst weiß, wenn man nicht mehr so gesund ist. Dann aber auch wieder so banale Mutter-Ermahnungen, wie dass es halt gut wäre, wenn er sich ab und zu die Zähne putzt. Jonas hat mir auch zweimal zurückgeschrieben, in einer ganz krakeligen Schrift: »Ich habe dich lieb, und ich komme wieder nach Hause. Und ich möchte gern Ski fahren«, solche Sachen. Wahrscheinlich gibt es Siebenjährige, die eloquentere Briefe schreiben, aber das war mir vollkommen egal, wir hatten endlich wieder einen regelmäßigen, direkten Kontakt. Und durch seine Antworten wusste ich, er erhält meine Briefe, und er liest sie auch. Zu Weihnachten habe ich Jonas sogar ein Päckchen in den Westerwald schicken dürfen.

Das Blöde war leider nur, dass er sich von irgendwelchen Freunden ebenfalls ein Päckchen hat schicken lassen, und da waren Drogen drin. Was genau es war, habe ich nie erfahren, aber vermutlich etwas Härteres. Auf jeden Fall hatte Jonas das mit Vorsatz veranlasst und das Päckchen als Süßigkeiten von der Oma zu Weihnachten getarnt. Die Drogen haben die Betreuer in der Einrichtung dann sofort gefunden. Die wissen dort natürlich, dass sie sich solche Päckchen ganz genau anschauen müssen. Danach durfte ich keine Päckchen mehr schicken.

Mir war vorher nicht so deutlich bewusst gewesen, dass Jonas auf diese Weise auch dort ganz schnell wieder an Drogen kommen konnte. Doch als das mit dem Päckchen rauskam, wurde mir noch einmal schlagartig klar, dass auch diese

Einrichtung Jonas eben nicht davor bewahren konnte, künftig mit Drogen in Kontakt zu kommen. Vielleicht war es eine Art Selbstschutz, dass ich mir das zu Beginn nicht so stark vergegenwärtigt hatte. Aber es ist leider die bittere Wahrheit: In einem Gefängnis den Drogen abzuschwören ist unmöglich. Auch wenn das Gefängnis Untersuchungshaftvermeidungsanstalt heißt. Jonas hat dort seine Drogenkarriere fortgeführt. Aber was will man erwarten, es sind eben alle Insassen jugendliche Drogenabhängige.

Das habe ich anhand von Jonas' Aufenthalt dort auf jeden Fall gelernt: Man darf leider nicht glauben, dass irgendeine Einrichtung, so professionell deren Eindruck auch immer sein mag, weil das Jugendamt sie empfohlen hat oder weil die Website überzeugend aussieht, die Sache schon richten wird. Man kann als Elternteil nicht der Institution die Verantwortung übergeben. Die Verantwortung hat man selbst. Punkt. Im besten Fall richtet die Institution nicht noch mehr Schaden an, als ohnehin schon entstanden ist. Aber dass sie irgendetwas an der Situation verbessern kann, das soll man bloß nicht glauben.

Für ein labiles Kind wie Jonas gilt das noch dreimal mehr. Und ich glaube, dass auch deshalb meine Reaktion in dieser Situation war, so viel Selbstvertrauen in ihn einzuimpfen wie nur irgend möglich. Das war auch der Tenor meiner Briefe; positive Verstärkung: »Ich bin für dich da. Ich habe dich lieb. Du bist hier zu Hause. Du kannst immer wieder hierherkommen. Es ist völlig egal, was jetzt gerade schiefläuft, ich mag dich trotzdem. Und ich hoffe, dass du dich um deine Gesundheit kümmerst, ich hoffe, dass du keine Drogen mehr nimmst. Ich weiß, dass ich das nicht verhindern kann, leider. Ich hoffe, dass du deinen Weg gehst. Ich unterstütze dich. Du kannst mich alles fragen. Ich glaube an dich. Das heißt nicht, dass ich dir dauernd Geld unter die Nase halte oder dir irgendwann ein Auto kaufen werde oder so, aber ich unterstütze dich.«

Damals habe ich mir ganz fest vorgenommen, wenn es nötig ist, über meinen eigenen Schatten zu springen, um Jonas zu helfen. Und das tue ich seitdem. Ich glaube, letztlich kann man Kinder oder Jugendliche nur fit machen fürs Leben, wenn man sie dem Leben dosiert aussetzt. Das geht gar nicht anders. Zuvor muss man sie allerdings mit Schutzschilden versehen oder ihnen Handlungsmöglichkeiten aufzeigen. Und genau das hat Jonas in den letzten Jahren gefehlt. Er war dem Leben ausgesetzt ohne irgendetwas. Ohne Schutzschild. Vielleicht habe ich in meinen Briefen versucht, das ein bisschen nachzuliefern.

Ich habe mir gewünscht, dass es in seinem Inneren »klick« macht. Es geht ja im Leben nicht nur darum, ob man bessere oder schlechtere Handlungsmöglichkeiten hat. Es geht um das Potenzial, das jemand hat, und darum, dieses Potenzial zu entfalten. Und nur, weil das forensisch-psychiatrische Gutachten für Jonas beispielsweise keine gute Prognose ausgesprochen hat, muss das nichts heißen. Ich sehe in ihm großes Potenzial. Es ist natürlich nicht klar, ob er es auch wird ausschöpfen können. Ich kann sein Leben nicht leben. Das muss er schon selbst tun. Ich kann lediglich versuchen, ihn zu unterstützen und den Moment bei ihm zu triggern, ab dem er sein Leben selbst in die Hand nimmt.

Und dabei hilft es eben leider nicht, groß zu schimpfen oder zu heulen oder sich zu beklagen: »Warum passiert das in meiner Familie?« Das kann man alles vergessen. Dass er Mist gebaut hatte, war ja offensichtlich, das musste ich nicht noch extra betonen. Mein Leitsatz war: »Ich habe dich lieb.«

KAPITEL 14

Richtung Nordsee

Am 5. August um sieben Uhr früh setzen wir in Tunø die Segel. Wir wollen durch den Nord-Ostsee-Kanal und anschließend nach Helgoland fahren. Inzwischen freue ich mich schon sehr auf Vincent, Max und meinen Vater, die auf der Hochseeinsel zu uns stoßen werden. Und bin ziemlich gespannt darauf, wie das mit Jonas' Freundin Caro werden wird. Eigentlich kenne ich sie ja kaum. Aber alles zu seiner Zeit, erst mal haben wir in den nächsten drei Tagen noch anspruchsvolle Segeletappen vor uns. Gerade weht ordentlich Wind aus Südwest, zwischen 6 und 7 Beaufort. Mit dem Großsegel im ersten Reff und der halben Genua heizen wir regelrecht los. Jan ist am Steuer. Die Kaimana drückt sich im 45-Grad-Winkel hart am Wind und gegen die Wellen an Samsø vorbei, zum Glück auf direktem Kurs ohne Wende. Das Boot liegt dabei so schräg auf dem Wasser, dass die Wellen nicht nur vorn über den Bug, sondern seitlich bis ans Mittelcockpit schwappen. Hinter Samsø müssen wir noch an einer Untiefe und einem Windpark vorbei. Dann steuert Martin. Wir haben erheblichen Speed, so um die 7 Knoten. Vielleicht liegt es auch an der Strömung. Jedenfalls finde ich diese Geschwindigkeit super, das Gefühl erinnert mich an

Schussabfahrten am Berg. Später übernehme ich das Steuer, und wir segeln entlang der Ostseite der Inseln Fyn und Langeland. Wenn der Wind aus Westen oder Südwesten kommt, ist das perfekt, weil wir uns in der Windabdeckung der Inseln befinden und fast ohne Wellen segeln können. Deswegen ist heute den ganzen Tag über auch niemandem schlecht. Außerdem regnet es nicht. Jonas steuert auch mal eine halbe Stunde. Abgesehen davon sitzt er im Cockpit und scheint die Rauschefahrt zu genießen. Die Geschwindigkeit legt noch mal kräftig zu, weite Strecken über 8, einmal sogar über 9 Knoten. So macht das Segeln echt Spaß! Gut, dass wir auf den richtigen Zeitpunkt gewartet haben. Für die 68 Meilen heute brauchen wir unter zehn Stunden. Diesmal fahren wir an der Westseite unter der Storebælt-Brücke durch. Es ist nicht ganz einfach, die richtige Stelle an der 18 Kilometer langen Brücke zu finden, denn alle Durchfahrtslöcher sehen von Weitem gleich aus. Mit iPad und Fernglas klappt es dann aber doch, und wir passen gut drunter her. Zum Glück. Im Hafen von Spodsbjerg in der Mitte der Insel Langeland wollen wir eigentlich nur ein paar Stunden ausruhen und dann gleich weitersegeln, nach neuer Wetterprognose entscheiden wir aber, über Nacht zu bleiben. Es soll nämlich noch einmal ein Sturm durchziehen mit Starkwind und Regen.

Das Angeln lassen wir vorübergehend sein, weil erstens die Fische mit unserer Reisegeschwindigkeit überfordert zu sein scheinen und sich zweitens die ausgelegten Angelköder alle zusammen in einem großen bunten Ball aus Haken, Ködern und Angelschnur verknotet haben. Den müssen wir erst entwirren, bevor es mit dem Fischfangprojekt weitergehen kann.

Am nächsten Tag starten wir kurz nach Sonnenaufgang. Das Wetter ist sehr stürmisch, aber sonnig, Wind aus Südwest, 6 bis 7 Beaufort. Ein Zweimaster liegt so in der Hafeneinfahrt vor Anker, dass man fast nicht herauskommt, aber Jan fädelt uns geschickt erst rückwärts und dann vorwärts aus dem Hafen. Wir segeln entlang der Insel Langeland parallel zu einer Tankerspur. Hinter Langeland müssen wir kreuzen. Bei sehr starkem Wind und fast zwei Meter hohen Wellen gegen uns, dazu mit einem gerefften Segel, schaffen wir nur einen recht spitzen Winkel. Außer uns kreuzt bei diesem Wetter fast niemand. Nach der nächsten Wende können wir dafür die Kieler Förde fast direkt ansteuern. Wie beim Rodeo tanzt das Schiff durch die Wellen. Wir liegen permanent sehr schräg im Wasser, und unter Deck kann man von den unteren Fenstern aus direkt ins Meer sehen.

Innen herumzuturnen ist eine Herausforderung. Nur wer schnell etwas holen muss, begibt sich nach unten. Sonst sind wir alle oben. Abwechselnd am Steuer oder auf der oberen Kante sitzend oder im hinteren Eck angelehnt an die dort verstauten Fender. Es ist erstaunlich, mit welcher Leichtigkeit diese Wellen unser sechseinhalb Tonnen schweres Schiff anheben. Mehrere Stunden Rodeo.

Im *VHF*-Radio höre ich, wie ständig neue Meldungen an den dänischen und den deutschen Seenotrettungsdienst, die Bremen Rescue, abgesetzt werden: »*Sailing vessel dismasted*«, »*Sailing vessel aground*«. Funksprüche hin und her, die besagen, dass ein Segelboot entmastet, eines auf Grund gelaufen ist; dass Leute geborgen werden und Rettungsboote unterwegs sind. Heute ist offenbar ein Großeinsatztag für die Rettungskräfte an der dänischen und deutschen Küste.

Sonntag und schönes Wetter, dazu dieser Starkwind. Ich höre, dass zwei abgetriebene Schlauchboote gesichtet worden sind, außerdem werden wir aufgefordert, nach einem Surfer Ausschau zu halten, zwei weitere Boote mit Mastbruch werden abgeschleppt. Schon ein bisschen gruselig. Zum Glück haben wir mit Jan einen erfahrenen Segler an Bord. Jedenfalls nähern wir uns mit konstanter Geschwindigkeit im Auf-und-Ab-Modus Kiel. Es gibt hier ein militärisches Schießgebiet und zwei markierte Sperrgebiete mit *explosives*, die wir umfahren wollen. Wir müssen genau dazwischen zielen, sehr hart am Wind fahren und dabei die Kaimana extrem schief stellen. Doch mit der von Jan vorausgesagten leichten Winddrehung in Küstennähe kriegen wir exakt die Kurve. Noch zwei Wenden und kurze Zickzack-Schläge und wir sind in der Kieler Förde. Dort weht immer noch ein sehr böiger Wind, aber es gibt keine hohen Wellen mehr. Da segelt es sich viel leichter. Große Tanker und Fähren kommen uns entgegen. Manche nehmen Lotsen von Lotsenschiffen auf oder setzen die Lotsen wieder ab.

In Kiel-Holtenau müssen wir zusammen mit einem niederländischen Segelboot eine halbe Stunde warten, dann können wir zu zweit in die Schleuse. Jetzt fahren wir unter Motor auf dem fast 100 Kilometer langen Nord-Ostsee-Kanal. Da er eine maximale Durchfahrtshöhe von 42 Metern hat, befahren ihn auch viele kleinere Tanker und Kreuzfahrtschiffe. Die Fahrrinne ist 100 Meter breit und elf Meter tief, aber wenn einem ein Tanker entgegenkommt, muss man sich als Segelboot dicht an den Rand drücken, und dann kommt sie einem schon gar nicht mehr so breit vor. Jetzt am Abend ist hier allerdings wenig los. Der Kanal liegt ganz ruhig da. Jonas kann gefahrlos ans Steuer. Es gefällt mir gut, wie er da steht, das Steuer hält und nach vorn aufs Wasser schaut. Bis nach Rendsburg durch das erste Drittel des Kanals steuert Jonas die Kaimana. Ich stehe an Deck, und mein Blick fällt auf den Wald und die Wiesen am Ufer. Ab und zu sieht man eine Brücke oder eine Fähre. Alles ganz beschaulich und plötzlich so ganz anders als unsere Rauschefahrt vorhin auf See.

Ein Moment der Ruhe, in dem mir zweierlei bewusst wird: Wie weit Jonas schon gekommen ist und wie weit sein Weg wohl noch sein wird. Mir schießt wieder durch den Kopf, was ihm alles zur Last gelegt wurde. Während wir hier friedlich durch die Abenddämmerung schippern und er mir ein schiefes Grinsen schenkt, muss ich daran denken, mit welchem Schrecken ich in dem Gutachten von seinem Drogenmissbrauch durch Cannabis und Opioide las und von der zunehmenden Häufigkeit und Schwere seiner Straftaten. Und ich erinnere mich an Jonas' eigene Aussage, dass er auch schon mal zweihundert Euro am Tag für Cannabis ausgegeben habe, während er an anderer Stelle zu Protokoll gegeben hatte, weder drogen- noch tablettenabhängig zu sein, also gar keine Einsicht in sein Suchtverhalten zeigte. Wie sieht es wohl jetzt gerade in seinem Kopf aus?

Aber komm, sage ich mir dann wieder, grübele jetzt nicht, wir sind definitiv weiter. Vielleicht ist jetzt ja so etwas wie Halbzeit unserer Reise. Jonas nimmt keine Drogen mehr. Er ist bisher nicht abgehauen. Er hat niemanden beklaut. Er hat durchgehalten. Er fragt tatsächlich überhaupt nicht mehr nach den Medikamenten aus der Klinik. Ich hole tief Luft und lächle meinen großen Sohn an. Doch Jonas schaut im Augenblick nach vorn. Und sieht mich gerade nicht.

Martin zaubert aus den Resten, die wir noch haben, ein Drei-Gänge-Menü. Jonas' Tischmanieren haben sich ansatzweise verbessert. Immer noch sitzt er allerdings recht krumm über seinem Teller und schaufelt. Ab und zu sage ich dann was und bitte ihn, sich aufrecht hinzusetzen. Er bemüht sich dann meistens. Ein wenig. Nach diesem langen Segeltag bei Starkwind, der Schleuseneinfahrt und der beschaulichen Motorfahrt sind allerdings auch alle auf dem Boot hundemüde. Wir übernachten in einem kleinen Hafen bei Rendsburg. Morgen geht es Richtung Elbe und Nordsee, dort gibt es Gezeiten und Gezeitenströme. Dann bestimmen zusätzlich Ebbe und Flut und nicht mehr nur der Wind, wann wir losfahren. Ich lerne von Jan, wie man das alles berechnet.

Wir fahren bei erst frischem, später sonnigem Wetter gegen sechs Uhr morgens los und hören Funk nach Vorschrift. Die Verkehrszentrale koordiniert vor allem, wo sich die großen Schiffe begegnen, damit sie aneinander vorbeikommen. Insgesamt ist die Fahrt extrem chillig und angenehm. Wir segeln so dahin mit knapp 6 Knoten, ohne Wellen, bei nur wenig Wind. Jan packt die Gitarre aus, und wir drei Erwachsenen singen ein paar Lieder. Jonas rollt mit den Augen. Klar. Aus seiner Warte sind wir natürlich total peinlich. Auf dem Kanal können wir komplett ohne Geschaukel kochen und kommen ganz entspannt kurz nach Mittag an der Brunsbütteler Schleuse an. Schnell fahren wir noch in den Hafen, um Wetter und Strömungen zu checken. Wir legen kurz an. Jonas und ich bringen in einem nahen Supermarkt die vielen deutschen Pfandflaschen zurück und investieren die fast zehn Euro gleich wieder in Eis, ein bisschen frischen Proviant sowie echte kanadische Angelwürmer. Der Mann im Angelfachgeschäft meint, damit könne man alles fangen, überall. Na dann.

Mittlerweile ist es warm, richtiger Sommer. In T-Shirts und kurzen Hosen reihen wir uns mit der Kaimana in die Menge der wartenden Segelschiffe vor der Schleuse ein. In Brunsbüttel gibt es eine eigene Schleuse für Jachten, gleich daneben werden Tanker und andere größere Schiffe durchgeschleust, dazu fährt ständig die Fähre hin und her. Also Action. Ab und zu Gehupe. Viel Gefunke. Als das Tor aufgeht, fahren wir mit den anderen rein und machen fest, bis die Schleuse voll ist. Sobald alle drin sind, gehen die Tore zu, und Zentimeter für Zentimeter steigt der Wasserspiegel der Schleusenkammer. Da man an Schwimmstegen fest ist, steigt man mit den Stegen, ohne dass man etwas tun muss. Viele Niederländer sind da, auch Deutsche. Langsam merken wir, dass sich in unserer Nachbarschaft nicht nur mehr Dänen, Schweden oder Norweger befinden. Auch die Funksprüche klingen jetzt anders, norddeutscher: »Moin, moin! Hier die Karlotta für die Frederika«, und alle fünf Minuten Meldungen von der Bremen Rescue. Das ist die Seenotrettung der Deutschen Gesellschaft zur Rettung Schiffbrüchiger. Hier ist ganz schön was los. Irgendwie ein komisches Gefühl, die Ostsee jetzt endgültig hinter sich zu lassen. Sobald das Wasser den gleichen Pegel wie die Nordsee erreicht hat, gehen die Schleusentore auf, die Schiffe binden sich wieder los, die

Päckchen werden aufgelöst, und alle zischen raus auf die Nordsee. Wir auch.

Da gerade Hochwasser ist, also keine Strömung und leichter Gegenwind, starten wir per Motor Richtung Cuxhaven. Wir haben noch 17 Meilen vor uns. Riesige Tanker fahren hier durch. Bei Niedrigwasser ist die Elbe nur sehr schmal und das tiefe Fahrwasser auch, jetzt bei Hochwasser sieht alles breiter aus, aber es gibt viele Tonnen, die das tiefe Wasser genau begrenzen. Daran halten wir uns natürlich. Cuxhaven Traffic kündigt auf UKW-Kanal 71 an, wer gerade raus- oder reinfährt. Sehr interessant und imposant. Langsam fließt außerdem das Wasser gerade wieder in die Nordsee zurück – die Gezeiten. Das ablaufende Wasser verursacht eine kräftige Strömung, wir haben das auch an den Fahrwasserbegrenzungstonnen gesehen. Bald haben wir 6 Knoten drauf, kurz vor Cuxhaven sogar fast 9. Dieses Phänomen kippt alle sechs Stunden, gerade ist Vollmond, da sind die Unterschiede zwischen Ebbe und Flut noch stärker. Ich finde die Auswirkungen der Tide faszinierend und freue mich, dass wir unseren Berechnungen entsprechend auf diesem »Jetstream« aufsitzen können. In Cuxhaven erwischt Jan zielsicher die Einfahrt, da muss man nämlich rechtzeitig einbiegen, sonst wird man an der Hafeneinfahrt glatt vorbeigespült.

Am Abend spazieren wir noch lange durch Cuxhaven auf der Suche nach dem Stadtzentrum und essen schließlich im alten Hafen in einem Fischrestaurant guten Fisch. Von der Frau im Hafenbüro wissen wir, dass in Cuxhaven der Strom nach dem Hochwasser noch nachzieht. Das heißt, dass wir, obwohl Hochwasser schon um halb drei in der Nacht ist, erst um halb fünf losmüssen, um – wenn der Plan aufgeht – mit Express-Strömung und Rückenwind Richtung Helgoland zu düsen.

KAPITEL 15

Die Klinik

Während Jonas in der Untersuchungshaftvermeidungsanstalt im Westerwald war, habe ich selbstverständlich auch gehadert. Mit mir selbst. Mit Jonas' Vater. Natürlich habe ich mich gefragt, wie es überhaupt so weit kommen konnte, dass Jonas nicht mehr zur Schule geht, massiv Cannabis konsumiert und in Wohnungen einbricht. Und es wäre gelogen, wenn ich behaupten würde, deswegen keinen Groll meinem Ex-Mann gegenüber gehegt zu haben. Schließlich hat Jonas zu dieser Zeit bei ihm in Frankfurt gewohnt. Aber ich habe eben auch nur eine bestimmte Menge an Energie. Vielleicht ist das schon mehr Energie, als man so gemeinhin hat, doch in dieser Situation habe ich gemerkt, dass ich meine Kraft auf das Wesentliche konzentrieren muss. Meine große Erkenntnis aus der ganzen Sache ist, dass Vorwürfe, Hass oder Rachegefühle pure Zeitverschwendung sind. Am Ende zählt nur die Liebe.

Daraus habe ich auch meine Haltung Jonas gegenüber entwickelt: Ich unterstütze dich. Ende. Nichts anderes. Ich bin weder Therapeutin, noch Psychologin, noch Anwältin. Ich bin Mama. Ich bin da. Ich schreibe dir jetzt Briefe, und ich bin auch manchmal wütend oder traurig. Aber ich halte die

Tür hier weit offen, und wenn du in Zukunft wieder bei mir leben willst, dann unterstütze ich dich. Ich werde immer versuchen, das Beste zu geben, und hoffen, dass es gut ausgeht. Und diese ganze Rachekiste, dieses »Komm, wir wehren uns gerichtlich«, überhaupt das Sich-wehren, dieses ganze Kriegsvokabular, dafür habe ich nicht die Nerven. Ich habe die Nerven für andere Sachen.

Ende April fand dann schließlich die Gerichtsverhandlung in Frankfurt statt. Klar war, dass mit diesem Termin Jonas' Zeit im Westerwald endete. Alles andere war offen. Ich bin mit dem Bus nach Frankfurt gefahren. Jonas' Vater und ich waren quasi Zuschauer vor Gericht. Das hatte etwas ziemlich Surreales. Ich hatte ja das Gutachten mit der schlechten Prognose gelesen. Und mir war klar, dass Jonas in der Einrichtung im Westerwald nach wie vor Cannabis konsumierte. Bis kurz vor der Verhandlung hatte ich allerdings keine Ahnung, dass für Jonas die Möglichkeit bestand, einen Entzug in einer Klinik zu machen. Deshalb hatte ich vor Gericht wirklich große Angst, dass mein Sohn sofort in Haft kommt. Als ich gehört habe: »Haftstrafe unabwendbar«, wurde mir regelrecht schlecht.

Nach wie vor gab es leider so gut wie keine Kommunikation zwischen Jonas' Vater und mir. Deshalb war ich extrem überrascht, als mein Ex-Mann vor Gericht plötzlich eine Überweisung aus der Tasche zog und sagte: »Hier! Diese Klinik nimmt Jonas.« Meine Söhne sind über die Krankenkasse meines Ex-Mannes krankenversichert. Und so hatte er über seinen Hausarzt einen Platz für Jonas in einer Entzugsklinik in Süddeutschland organisiert. Ich wusste bis zu diesem

Zeitpunkt nichts davon. Für mich war das eine sehr abrupte Wendung. Letztlich war es natürlich gut, dass Jonas diesen Klinikplatz hatte. Denn so konnte das Gericht die drohende Haftstrafe für die Zeit des Entzugs aussetzen. Die Auflage war, dass wir Jonas sofort, ohne Stopp oder Umweg, dorthin fuhren: vom Verhandlungssaal direkt in die Klinik. Unmittelbar im Anschluss an die Gerichtsverhandlung.

Ich habe dann ganz schnell vorgeschlagen: »Ja, okay, ich bringe ihn hin. Kein Problem. Ich habe zwar jetzt hier kein Auto, bin mit dem Fernbus da, aber ich nehme mir einen Mietwagen, dann fahre ich ihn hin.«

Dass ich vor lauter Sorge um Jonas zwei Nächte vor der Gerichtsverhandlung kaum geschlafen hatte, habe ich lieber nicht erwähnt. Jonas hatte ja auch überhaupt keine Klamotten dabei. Egal. Das war eine Chance. Er kam vorerst nicht in Haft. Das war das Wichtigste. Nach der Verhandlung standen wir vor dem Gerichtsgebäude, und ich habe meinen Ex-Mann gebeten, Jonas im Blick zu behalten, während ich einen Mietwagen organisiere. Daraufhin sagte er kurz entschlossen, er könne Jonas mit seinem Wagen fahren. Also sind wir zu dritt um fünf Uhr nachmittags in Frankfurt losgefahren. Es war eine Fahrt in komplettem Schweigen. Jonas döste auf der Rückbank. Pausen machten wir bis auf Fahrerwechsel und Tankstopp keine und kamen am Abend in der Nähe der Schweizer Grenze an, wo diese Klinik liegt. Wir mussten uns noch jeweils ein Hotelzimmer nehmen, weil wir in der Klinik erst morgens um acht Uhr einchecken konnten. Ich habe Jonas halb ins Hotel getragen. In der Früh standen wir pünktlich an der Anmeldung, und die Ärzte mussten sofort ein Fax an das Gericht in Frankfurt schicken, dass wir da sind. Das Gericht hatte am Abend schon angerufen, ob wir denn bereits eingetroffen wären.

Wieder muss Jonas einen Schutzengel gehabt haben, dass er ausgerechnet in diese Klinik kam. Normalerweise nehmen sie keine Jugendlichen unter 18. Und eigentlich nehmen sie auch keine Drogenabhängigen, sondern eher ältere Burn-out-Patienten. Erwachsene mit irgendwelchem Psychokram, die dann Yoga machen und Walking. Zum Glück haben sie offenbar bei Jonas eine Ausnahme gemacht. Als die Ärzte dann beim Check-in allerdings seine Geschichte hörten, machten sie mir nicht gerade große Hoffnungen, dass das gut gehen werde. Umso überraschter waren sie in der Folge, als sie sahen, wie Jonas auf die Behandlung reagierte: Er war umgänglich und kam pünktlich zu seinen Therapien und zur Medikamentenausgabe. Jonas hat sich in der Klinik relativ bald beinahe wie ein normaler Jugendlicher benommen. Die Betreuer dort haben ihn jedenfalls schnell in ihr Herz geschlossen.

Diese Klinik wirkte im Vergleich zu der Einrichtung im Westerwald fast wie ein Luxushotel. Kein Wunder, dass es Jonas dort gefiel: Er hatte ein Einzelzimmer mit Fernseher und Balkon und ein eigenes Bad mit Dusche. Internet gab es in der Lobby. Dazu ein super Essen: Buffet oder wahlweise ein Drei-Gänge-Menü am Tisch mit Stoffservietten. Ich habe da wirklich gestaunt. Natürlich hatte er auch Therapiesitzungen. Mit den Medikamenten lief es so, dass er gefragt wurde, was für Beschwerden er habe. Jonas sagte dann häufig: Schlafstörungen. Die waren eine Folge des Entzugs.

Dann bekam er eben Schlaftabletten. Und Bauchweh habe er auch. Meiner Ansicht nach logisch, wenn man zwei Tafeln Schokolade auf einmal isst und dazu Cola trinkt. Da gab es dann wieder Magentabletten. Die Medikamente haben sich ganz schön summiert, wie ich finde. Aber der Cannabis- und Opioid-Entzug hat funktioniert. Und es war ein wertschätzendes Umfeld: »Schlafen Sie denn jetzt besser, Herr Krafft?« So war da der Ton.

Außerdem war dort sonst niemand, der drogenabhängig war, das war perfekt für Jonas. Denn da wusste er nicht, wen er fragen sollte wegen eines Joints. So was hatte da keiner. Die Klinik lag mitten in der Pampa, das heißt, es gab auch keine Möglichkeit für ihn, anderweitig an Drogen zu kommen, obwohl er nicht im eigentlichen Sinne überwacht wurde. Die Behandlung dort fußte auf Freiwilligkeit und Eigenverantwortlichkeit. Der Tagessatz der Klinik war richtig happig. Zum Glück wurde er von der Privatversicherung meines Ex-Mannes sechs Wochen lang übernommen. Im Anschluss wurden noch zweimal jeweils zwei weitere Wochen bewilligt. In diesen insgesamt zehn Wochen lief Jonas' akuter medizinischer Drogenentzug.

Und wir haben Jonas jedes Wochenende dort besucht. Vincent, Max und ich. Das ist eine ganze Ecke zu fahren, einmal quer durch die Schweiz. Peter war auch einmal mit. Mein Vater zweimal. Ansonsten immer die Kinder und ich.

Einmal war ich auch alleine da, glaube ich. Aber nur einmal. Sonst sind Vincent und Max immer mitgekommen, und das rechne ich ihnen sehr hoch an. Wir sind samstagmorgens um sechs Uhr aufgestanden, dreieinhalb Stunden gefahren, um gegen halb zehn bei ihrem Bruder zu sein. Am Nachmittag dann die gleiche Tour zurück. Da mussten die Jungs an einem Tag sieben Stunden im Auto hocken. Vincent hat unterwegs manchmal seine Fragebögen für den Moped-Führerschein ausgefüllt.

Das Verhältnis zwischen Jonas, Vincent und Max war einfach immer schon sehr eng, vielleicht auch, weil wir so früh zu viert ohne den Vater gelebt haben. Das gute Verhältnis der Brüder zueinander ist jedenfalls nicht mein Verdienst. Das hat sich einfach so entwickelt. Die kabbeln sich ja auch ständig, sind schon früher immer so ein Kinderknäuel gewesen, auch in körperlicher Hinsicht: knuffen sich, umarmen einander, machen miteinander Quatsch. Vincent und Max wollten Jonas einfach besuchen. Wenn sie gesagt hätten: »Nee, ich komm nicht mit!«, dann hätte ich da auch nichts machen können.

Als sie kleiner waren, haben die Kinder eine Zeit lang alle bei mir im Bett geschlafen. Während meine Mutter so krank war, stand das Pflegebett im Wohnzimmer. Max war ja gerade erst auf die Welt gekommen, und der Einfachheit halber habe ich in dieser Zeit alle Kinder in meinem Bett schlafen lassen. So ein bisschen verknäuelt wie junge Hunde. Das hat sie vielleicht auch geprägt, wer weiß?

Später hatte Jonas dann ein eigenes Zimmer, weil er als Ältester zuerst in die Schule kam und einen Ort zum Hausaufgabenmachen brauchte. Und als Jonas nach Frankfurt gezogen ist, sollte daraus eigentlich Vincents Zimmer werden. Aber irgendwie hat Vincent Jonas' Zimmer nie so ganz übernommen. Max und Vincent haben immer zu zweit im anderen Zimmer gespielt. Und Jonas' ehemaliges Zimmer wurde so ein bisschen zur Rumpelkammer beziehungsweise zum

Gästezimmer. Vielleicht, weil es für Vincent und Max auch einfach Jonas' Zimmer blieb oder weil sie jeweils gar kein eigenes Zimmer haben, sondern halt immer nur zusammenstecken wollten.

Wenn wir Jonas in der Klinik besucht haben, dann waren wir meistens bei ihm auf dem Zimmer. Er durfte während des Klinikaufenthalts keinen Meter in die Schweiz, etwa um einen Ausflug mit uns zu machen, oder gar mit uns nach Österreich kommen. Nicht eine Minute. Diesbezüglich waren sie in der Klinik ganz deutlich. Und so haben wir auf dem Zimmer einfach versucht, wieder eine Familie zu sein. Ein, zwei Stunden gemeinsame Zeit: essen, dann schnell noch eine Runde UNO spielen.

Später durften wir dann in Begleitung eines Betreuers auch mal raus aufs Klinikgelände. Und noch später auch alleine. In der Nähe gab es einen kleinen See mit einem Restaurant am Ufer, an dem man Boote mieten konnte. So bin ich mit den dreien wenigstens einmal Tretboot gefahren.

Doch die unbeantwortete Frage in diesen Wochen lautete: Was würde mit Jonas eigentlich nach Ablauf der zweieinhalb Monate geschehen? Wie sollte es nach der akuten Entzugsbehandlung mit ihm weitergehen?

KAPITEL 16

Helgoland

Die Fahrt von Cuxhaven Richtung Helgoland beginnt morgens um halb fünf. An der Elbmündung ist schon jede Menge los. Da gerade Hochwasser ist, gibt es fast keine Strömung. Wir überqueren das Fahrwasser der Riesenschiffe vorschriftsmäßig im rechten Winkel und segeln dann an dessen Rand von Tonne zu Tonne. Bei ablaufendem Wasser nimmt die Strömung stetig zu. Schnell sind wir bei 6, dann bei 8 Knoten Geschwindigkeit. Irgendwie gespenstisch zu wissen, dass hier bei Niedrigwasser lauter Sandbänke und Inseln rauskommen, jetzt ist alles mit Wasser bedeckt, aber teilweise nur vierzig Zentimeter. An der seichtesten Stelle, dem Lüchter Loch, kommen wir gut durch und segeln dann mit Spinnaker, ordentlichem Wind von hinten und Strömung mit 9 bis 10 Knoten *full speed* Richtung Helgoland.

Die Sonne scheint, und es ist auch nicht mehr so kalt. Die Nordsee wirkt tief dunkelblau. So liebe ich das Segeln. Jan bemerkt, dass es im Vergleich zu den letzten Tagen heute an Bord fast wie auf einer Kaffeefahrt ist. Also kocht Martin auch gleich Kaffee auf See. Ein wunderbarer Segeltag.

Am Horizont tauchen schon die roten Felsen von Helgoland auf. Wir bergen den Spinnaker und die anderen Segel und fahren unter Motor in den riesigen Vorhafen. Im Südhafen liegen einige Schiffe, darunter auch große Tender-Boote, mit denen die vielen Windparks in der Nähe betreut werden. Wir machen im Päckchen als vierte fest. Wegen der Gezeiten gibt es hier im Hafen Schwimmstege: Der Höhenunterschied zwischen Ebbe und Flut beträgt über drei Meter. Da wir so schnell hergedüst sind, ist es erst Mittag.

Ich bin froh. Mit Jonas an Bord haben wir eine weitere Etappe geschafft, von Kopenhagen bis Helgoland, fast 450 Seemeilen, ein super Törn mit Segelprofis und viel Wind.

Wir machen einen Inselrundgang. Die Fähre, die hier einmal pro Tag zu Mittag an- und um halb fünf wieder ablegt, beschert Helgoland kurzfristig Kreuzfahrt-Atmosphäre. Menschenmassen drängen sich auf den schmalen Wegen, an denen ein Souvenir- und Spirituosengeschäft am anderen liegt, sowie auf dem Rundweg zu den Vogelfelsen. Wir nehmen die Treppen vom Unterland zum Oberland und nennen den Hafen »Mittelerde«.

Zurück am Schiff erwischt uns ein Regenguss, und wie angekündigt zieht ein Sturm auf. Südwestwind der Stärke 9. Zum Glück sind wir mit vielen Leinen festgebunden. Einige der großen Tender-Boote haben sich schon mal mit uns im inneren Hafen verschanzt. In der Nacht zieht ein ordentlicher Sturm über die Hochseeinsel. Es pfeift in den Masten, und die Kaimana und die anderen Schiffe tanzen auf den Wellen auf und nieder.

Der Morgen ist sonnig, ab und zu ein Regenschauer, der Sturm ist nur leicht abgeflaut. Heute habe ich mal ausgeschlafen, und dann gibt es ein gutes Frühstück mit frischem Brot und frischem Kaffee. Jan und Martin packen ihre Sachen. Wieder steht ein Crew-Wechsel an. Ein Cut. Ich bin ein bisschen traurig, dass die beiden heute nach Hause fahren, aber Jonas freut sich schon auf Caro, seine Brüder und besonders auf den Opa. Um die Mittagszeit kommt mein Vater mit dem Katamaran an. Wir holen ihn ab, und er erzählt uns, dass die Überfahrt von Hamburg über Cuxhaven nach Helgoland aufgrund des Sturms ein wilder Wellenritt war. Viele Leute mussten spucken, und die Stewardessen sind kaum nachgekommen mit Tüten und Duftspray.

Mein Vater ist pensionierter Ingenieur. In unserem Bergdorf wohnt er in der Wohnung über mir und den Kindern. Wenn Not am Mann ist, hilft er mir immer. Mit den Kindern. Mit den Feriengästen. Mit der Buchhaltung. Klar liegen wir uns auch manchmal in den Haaren, wie das so ist, wenn mehrere Generationen unter einem Dach leben. Aber ich weiß, dass ich im Ernstfall auf ihn zählen kann. Das ist wirklich viel wert.

Alle zusammen gehen wir in einem Restaurant mit Meerblick Fisch und Pizza essen. Dann bringen wir Jan und Martin zur Fähre. Die Segeletappe mit ihnen war großartig, wir hatten wirklich eine supertolle Zeit zusammen. Und ich konnte mich gut erholen. Ich hoffe, dass sie in Hamburg rechtzeitig den Nachtzug nach Zürich erwischen. Mal schauen, wie es mit der neuen Crew werden wird.

Mein Vater, Jonas und ich laufen bei Sonnenschein den Inselrundweg entlang. Diesmal ohne Touristen und bis ganz vorne zu den Vogelfelsen. Helgoland ist der einzige Brutplatz für Basstölpel in Deutschland, schöne kräftige Vögel mit weißgelbem Hals, die auf den Felsen brüten, sehr kunstvoll in die Lüfte abheben und an den brüchigen Felsvorsprüngen landen. Die Vogelbabys haben noch flauschige Federn, sind aber schon ziemlich groß. Bald werden sie auf der Jagd nach Fisch ins Meer springen. Und hoffentlich im nächsten Jahr wieder nach Helgoland kommen, um zu brüten.

Zurück am Schiff mischen Jonas und ich noch nach Jans Anleitung Epoxidharz und kleben damit einige Teile fest, die locker gewesen sind. Ich werde Jonas jetzt wieder stärker in die Arbeiten auf dem Boot mit einbeziehen. Mit Tina, Jan und Martin an Bord hat Jonas in Ruhe Passagier sein können und nicht so viel machen müssen. Aber jetzt kann ich ihn als Helfer wieder gut gebrauchen. Mein Vater ist zwar auch ziemlich fit und kennt das Leben an Bord der Kaimana schon vom letzten Sommer. Da war ich mit ihm, Vincent und Max in den Schären segeln. Aber jetzt sind wir halt wieder eine Laien-Crew, da muss einfach jeder mit anpacken.

Wir räumen die Kaimana auf, damit mein Vater seine Sachen verstauen kann. Zum Glück ist das Schiff groß genug für so viele Leute. Übermorgen kommen Max, Vincent und Caro. Ich freue mich auf die Kinder. Bis Amsterdam sind wir dann zu sechst auf dem Boot. Sobald der Wind günstig ist, wollen wir weitersegeln, nach Westen.

Der nächste Tag ist ein sonniger Helgoländer Sommertag. Es ist leicht windig. Mein Vater akklimatisiert sich auf der Kaimana. Am Nachmittag packen wir die gesamte Wäsche in alle verfügbaren Taschen und Rucksäcke und gehen ins Mare Frisicum, ein beheiztes Meerwasserschwimmbad, in dem Jachties auch waschen können. Ich mache die Wäsche, während Jonas und mein Vater schwimmen. Nach zwei Waschmaschinen- und Trockner-Durchgängen ist alles wieder sauber. Ganz schön viel Kram, den ich so platzsparend wie möglich wegräume. Wenn morgen Jonas' Brüder und Caro kommen, bringen sie ja auch noch Zeug mit. Jetzt ist es einen kurzen Moment lang mal ordentlich. Später zieht mich Jonas den Mast hoch, um alles zu kontrollieren: Wanten und Splinte, Schrauben und abgeklebte Ringe. Außerdem stecke ich den Stecker der Windmessgeräte, die schon eine Weile nicht mehr funktionieren, ein paar Mal rein und raus und sprühe sie mit Kontaktspray ein. Wieder unten kontrollieren Jonas und ich systematisch alle Windmesskabel, winzige bunte dünne Kabelchen, die vom Mast durch ein Loch im Bad ankommen, dort mit Klemmen zusammengesteckt werden müssen und von hier mit einem weiteren Kabel hinter den Wänden des Schiffes verschwinden. Wenn ich Jonas in so eine Aufgabe wie diese einbeziehe, ist er meistens aufmerksam und mit kleinen Abstrichen eine echte Hilfe.

Nach elektronischer Logik sind die Schwachstellen ja meistens die Kontakte, seltener die Kabel, was gut ist, weil sich 15 Meter Kabel im Mast und mindestens weitere fünf Meter irgendwo im Schiff befinden, an diese Stellen kommt man schlecht dran. Noch seltener sind die Geräte selbst kaputt.

Also muss ich die Kontakte prüfen. Im Bad, wo die Kabel vom Mast mit den Kabeln im Schiff verbunden werden müssen, sind meist nur ein paar Kabelfasern übrig und die Kabel an mehreren Stellen abgebrochen. Es ist ohnehin ein Wunder, dass das so lange funktioniert hat. Ich ziehe die Kabelstränge so weit heraus, bis sie intakt aussehen, zwicke sie ab und stecke sie – unter Verlust meiner halben Fingernägel – neu zusammen. Interessanterweise bleiben zwei Kabel übrig. Aber das muss anscheinend so sein, denn jetzt funktionieren die Anzeigen der Windmessgeräte wieder. Yeah. Ich beobachte das noch ein Weilchen, dann schraube ich die Deckel wieder drauf.

Mein Vater kocht gerade Nudeln. Jonas ist sehr gut drauf, weil sein Opa da ist. Er hat sich schon seit Tagen auf ihn gefreut. Und mein Vater ist frisch für all die Fragen, die Jonas ständig stellt: »Warum liegt Helgoland mitten im Meer? Was passiert, wenn die Fähre bei Ebbe im Hafenbecken stecken bleibt? Wann essen wir?«

Wenn morgen Caro, Vincent und Max kommen, wird noch mehr los sein. Das ist auch gut für Jonas. Jetzt denke ich, dass er in der Phase mit Tina, Jan und Martin vielleicht doch zu wenig gefordert war. Auf jeden Fall ist aktuell von Langeweile bei ihm keine Spur, er hilft meinem Vater bei vielen Dingen und hat fast gar keine Zeit mehr zu rauchen. Er sagt, er will sich das Rauchen ganz abgewöhnen. Mal sehen. Ich hoffe, dass das noch besser funktioniert, wenn seine Brüder da sind und er dann so viel zu tun hat, dass er die Zigaretten gar nicht vermisst.

Von Jonas' Vater höre ich nichts. Aber ich nehme an und hoffe, dass er sich an die Absprachen hält und Vincent und Max morgen Mittag auf der Fähre sind.

Von einem Segelnachbarn erfahren wir, dass es auf Helgoland ein spezielles Lebensmittelgroßhandelsgeschäft nur für Segler gibt. In einem Hinterhof geht man durch ein verstecktes Rolltor, und tatsächlich: Großpackungen Lebensmittel und Getränke auf Paletten. Und da alles zollfrei ist, müssen sie es ans Boot liefern. Also machen wir einen Großeinkauf: Getränke, 15 Kilo Kartoffeln, Fleisch und vieles andere. Denn ab morgen ist hier Teenie-Hunger angesagt. Und tatsächlich wird alles mit einem Rollwägelchen zum Schiff geliefert. So ein Luxus! Wir verstauen alles im geräumigen Bauch der Kaimana. Am Abend ruft meine Schwester an, und ich erfahre, dass es zu Hause gerade nass und kalt ist. Umso mehr genieße ich diesen Sommertag auf Helgoland.

KAPITEL 17

Die Idee

Die Idee mit dem Boot kam mir blitzartig. Vielleicht einen Monat, bevor wir losgefahren sind. Da war Jonas bereits in der Klinik, und es zeichnete sich ab, dass er dort nicht würde bleiben können. Schlicht und einfach, weil die Krankenkasse diesen affenartig hohen Tagessatz nicht mehr bezahlen wollte. Ich kann das gut verstehen, denn von dem, was die Klinik am Tag kostet, kann ein ganzes afrikanisches Dorf zwei Monate lang existieren. Gesamtgesellschaftlich gesehen kann man mit diesem Geld also durchaus etwas Sinnvolleres anfangen, als einen einzigen Teenager zu entgiften.

Nach den zweieinhalb Monaten in der Klinik war der medizinische Teil des Entzugs weitgehend beendet. Allerdings war Jonas' einjährige Haftstrafe ja lediglich ausgesetzt worden. Und das bedeutete, dass er, falls er nicht direkt im Anschluss einen Folgeplatz in einer anderen Klinik oder Einrichtung bekäme, sofort in Haft musste. Der Richter hatte bei Jonas' Verhandlung noch einmal betont, dass im Jugendstrafrecht nicht die Strafe im Vordergrund steht, sondern die Verhaltensänderung in eine sozial verträgliche Richtung unterstützt werden soll. Jonas hatte diesbezüglich zwar eine schlechte Prognose, aber im Jugendstrafrecht gibt es – im Gegensatz zum normalen Strafrecht, das lediglich Haft oder Haft auf Bewährung vorsieht – die Möglichkeit, eine Haftstrafe vorübergehend für eine Therapie auszusetzen. Und um die Haft weiterhin aussetzen zu können, musste Jonas eben eine Therapie machen beziehungsweise einen Therapieplatz vorweisen. Einen solchen Platz zu finden, erwies sich jedoch als enorm schwierig. Wir haben in ganz Deutschland nach einem Folgeplatz gesucht und überall auf Granit gebissen. Es gab schlicht nichts. Entweder musste man 18 sein, was Jonas noch nicht war, oder es gab die Jugendpsychiatrie, in die man aber nur kam, wenn man dafür ein entsprechendes Gutachten hatte. Das hatten wir nicht. Das System ist nicht so, dass man einfach sagen kann: »Wir brauchen zu diesem Termin einen Platz für unseren Sohn« oder »Wir legen hier Geld auf den Tisch« – nein, so läuft das nicht.

Aber das weiß man auch erst, wenn man in dieser Situation ist. Und das System kann ja auch nichts dafür. Ich mache dem System beziehungsweise denen, die es nicht schaffen, es zu ändern, zwar ein paar Vorwürfe, aber nicht diesen. Und die Gesellschaft kann verständlicherweise nicht tolerieren, dass jemand wie Jonas in Wohnungen einbricht und mit Drogen handelt. Das geht natürlich nicht.

Jedenfalls wurde die Zeit langsam knapp, und es fand sich kein Platz für Jonas, nichts, was auch nur im Entferntesten praktikabel gewesen wäre. Selbst das Frankfurter Jugendamt, das dafür zuständig war, Haftrichter, Klinik, Eltern und potenzielle Folge-Einrichtung zu koordinieren, hat gesagt: »Wir wissen von keinem freien Platz.« Also lautete die einzige Perspektive für Jonas: Haft. Ein Jahr lang. Was würde diese Zeit im Gefängnis aus Jonas machen? Bei diesem Gedanken rollten sich mir sämtliche Zehen- und Fingernägel auf. Auch nach den Erfahrungen in der Westerwälder Einrichtung habe ich mir gedacht, nein, alles, aber bloß keine Haft. Das wollte ich unbedingt verhindern. Ich sah meinen großen Sohn vollends in eine Drogenkarriere abdriften und hatte wieder schlaflose Nächte.

Und dann ist mir irgendwann plötzlich, nach einer weiteren ruhelosen Nacht, an einem verheulten Morgen im Frühsommer, diese Idee gekommen: Ich nehme ihn mit aufs Boot. Wir setzen die Segel, und Jonas kommt mit. Auf See gibt es keine Drogen und keine Dealer. Und wir machen einfach alles, was cool ist. So schlage ich sämtliche Fliegen mit einer Klappe. Morgens um fünf hielt ich das für eine geniale Idee. Und fragte mich, wieso mir das nicht schon früher eingefallen war. Aber eine Stunde später dachte ich bereits wieder, na ja, da gibt es schon noch ein paar Haken. Schade. Wahrscheinlich doch nicht so praktikabel. Die Idee war zu dem Zeitpunkt einfach komplett irreal, so als wenn ich gesagt hätte: Lass uns zum Mond fliegen. Oder: Wir machen Homeschooling und zelten in Neuseeland. Davon kannst du vielleicht träumen, Franziska, habe ich mir gesagt, aber das geht nicht.

Doch die Idee war von da an in meinem Kopf. Und sie ließ mich nicht mehr los.

Bevor es sich mit Jonas so dramatisch entwickelt hat, hatte ich nämlich ursprünglich lose geplant, mit der Kaimana in diesem Sommer weiter gen Westen zu segeln, um langfristig irgendwann einmal mit dem Boot im Mittelmeer zu landen. Im Sommer davor war ich mit Vincent, Max und meinem Vater durch die Schären gesegelt. Damals, als Jonas noch offiziell in Frankfurt zur Schule ging, hatte ich auch bereits gehofft, dass er mit uns aufs Boot kommt. Ich wollte so gern, dass wir alle wieder zusammen sind. Aber da war nichts zu machen. Das war noch in der Zeit vor den Einbrüchen. Als er aber offenbar schon nicht mehr zur Schule ging und massiv Drogen konsumierte und mit Cannabis dealte, was ich allerdings nicht wusste. Bei einem unserer seltenen Telefonate habe ich dann gesagt: »Jonas, wir fahren dann und dann los. Kannst du nicht einfach mitkommen?« Damals kam von ihm nur: »Ja, hm. Weiß nicht.« Dann war wieder wochenlang Funkstille. Anscheinend lungerte Jonas da schon in Frankfurt auf den Straßen herum. Ihm war einfach alles egal. Er konnte noch nicht einmal sagen, was für ein Wochentag gerade war. Bis zuletzt habe ich versucht, ihm den Segeltörn ein bisschen schmackhaft zu machen, und gehofft, dass er aufspringt. Aber Jonas war zu der Zeit überhaupt nicht imstande, irgendetwas selbst zu entscheiden. Heute weiß ich, warum. Und sein Vater hat mein Ansinnen auch nicht unterstützt. Also kam es nicht dazu. Was ich sehr schade fand, aber ich dachte mir, na gut, dann vielleicht nächstes Jahr.

In diesem Sommer wollte ich also weiter nach Westen kommen mit dem Boot. Erst mal unabhängig davon, wer da dabei sein würde. Mein Lebensgefährte Peter hatte angekündigt, über seinen Schatten zu springen und ganz vielleicht auch für einige Zeit mitzukommen. Was mich wirklich sehr gefreut hat. Denn bisher hatte er meine Segelaktivitäten außerordentlich skeptisch beäugt. Also habe ich mir gedacht, gut, dann kommt Peter am besten gleich am Anfang mit, da kenne ich mich aus, da sind wir noch auf der Ostsee, da gibt es keine Gezeiten, das wird auf jeden Fall noch nicht so schwierig. Und dann kann ich ja immer noch, falls Peter dann genug vom Segeln hat, nach zwei Wochen Ostsee mit der alten Crew, also mit den jüngeren Söhnen und meinem Vater, raus auf die Nordsee und Richtung Westen segeln. So war der ursprüngliche Plan.

Aber als sich dann herauskristallisierte, dass es fast unmöglich war, für Jonas irgendwo einen Folgeplatz zu finden, trieb mich nicht nur das um, sondern es stand eben auch mein Segelprojekt auf der Kippe. Ich wusste, ich kann in dieser Situation nicht den ganzen Sommer über weg sein. Ich kann Jonas nicht im Stich lassen. Muss ich also auf den Segelsommer verzichten?, fragte ich mich. Auf jeden Fall war alles unsicher, ich habe meine Pläne fürs Erste wieder über den Haufen geschmissen und zu Peter gesagt: »Ja, ich weiß jetzt noch gar nicht, wie das wird, mal gucken, ob wir überhaupt fahren.«

Eigentlich war gar nicht daran zu denken, dass ich Jonas einfach so mitnehmen kann. Aber was mir an dieser Idee so gut gefiel, war, dass ich das Gefühl hatte, wenn ich Jonas auf das Boot kriege, dann kann ich ihn da temporär abschotten von der Außenwelt. Ich kann ihn packen wie mit einem Kran, aus seiner Welt herausnehmen und auf der Kaimana absetzen. Wie auf einer Insel.

Und deshalb habe ich mit dem Jugendamt in Frankfurt, also mit der dort zuständigen Mitarbeiterin, über meine Idee mit dem Boot gesprochen. Ich habe gespürt, wie sich ihr zuerst alle Nackenhaare aufgestellt haben, als sie gehört hat, Jonas solle »zur Mama«. Das Familien-Set-up fand sie überhaupt nicht gut, dass die Brüder dann mit dabei wären, das wollte sie auch gar nicht hören. Sie war vor allem der Auffassung, dass man Jonas unter Kontrolle haben müsse. Aber ich habe einfach weiter versucht, sie zu überzeugen. Wenn ich die Chance habe, mit Leuten direkt zu reden, kann ich meistens ein bisschen erspüren, was sie denken. Und ich wusste: Diese Jugendamtsmitarbeiterin berichtet dem Richter, der Richter entscheidet. Sie arbeitet dem Gericht also praktisch zu, ist eine Art Filter für ihn, vermittelt, koordiniert. Und im Laufe des Gesprächs habe ich dann rausgehört, dass die Idee mit dem Schiff eigentlich doch zieht. Darauf ist sie irgendwie angesprungen. Sie wusste, dass sich die Suche nach einem Folgeplatz für Jonas sehr schwierig gestaltete. Vielleicht war das mit dem Schiff auch gerade so ein bisschen Mode in der Jugendbetreuung. Das ist allerdings nur eine Vermutung. Aber ich glaube, dass sie natürlich auch das Gutachten gelesen hatte und Jonas' schlechte Prognose kannte. Und sie wusste, wenn da nichts passiert, dann haben sie Jonas die nächsten zehn Jahre an der Backe. Im Strafvollzug. Der ist dann zehn Jahre lang teuer und lästig, und die Frankfurter Justiz hat die Akte dauernd offen. Da kommt dann eine Straftat zur nächsten. Das bedeutet Trouble. Dennoch habe ich beim ersten Gespräch auch viel Skepsis gespürt. Und dadurch, dass ich im Ausland lebe, war es noch einmal komplizierter, denn da gilt die deutsche Gerichtsbarkeit nicht, da können sie Jonas nicht einfach abholen, wenn er gegen irgendwelche Auflagen verstößt. Deswegen war das Jugendamt auch zuerst ganz dagegen, dass die Bootsreise ins Ausland geht.

In diesem Zusammenhang habe ich die Erfahrung gemacht, dass man im Umgang mit den Behörden den richtigen Ton treffen muss. Manche brauchen ein Schreiben von einem Anwalt. Ganz dringend. Da muss am besten ein Stempel drauf sein und irgendwo eine fiese Drohung und ein paar Paragrafen.

Sonst passiert nichts. Andere brauchen die Gewissheit, dass es ihre Idee war. Das ist manchmal auch ganz wichtig. Da ist es dann sinnvoll zu sagen: »Ich greife Ihren Vorschlag auf, und wir könnten es ja vielleicht so und so machen.« Dann geht es. Keinesfalls darf man sagen: »Ich hätte folgenden Vorschlag.«

Ich hatte mir vor allem in den Kopf gesetzt: Bloß keine Haft. Ich war gar nicht darauf festgelegt, dass das jetzt unbedingt die Idee mit dem Boot sein muss. Wir finden für Jonas etwas Besseres als Haft – das war meine Devise. Und da ging es lange Zeit erst einmal um einen Platz in einer weiteren Einrichtung. Als sich das Jugendamt nicht gänzlich ablehnend meiner Idee gegenüber zeigte, habe ich dann gefragt: »Könnte denn eine Reise mit dem Schiff eine vorübergehende Alternative zu einer Einrichtung darstellen?« Das Jugendamt hat sich so langsam der Idee angenähert, wobei ihnen eine Einrichtung mit Schiff natürlich am liebsten gewesen wäre, das wäre dann aus deren Sicht eine echte Win-win-Situation gewesen. Haft wollten sie für Jonas auch nicht.

Der Hauptpunkt war allerdings, dass das Jugendamt keine andere Möglichkeit sah. Sie hatten keine brauchbare Alternative. Es gab schlicht keine Einrichtung, die Jonas genommen hätte, auch keinen Platz auf einem Jugendschiff. Letztlich hat das eine wichtige Rolle gespielt. Anfangs haben sie sich bedeckt gehalten. Haben weder Ja noch Nein gesagt. Denn sie wollen natürlich nachher auch keine Schuld an irgendetwas tragen. Und nichts geraten haben, weder in die eine noch in die andere Richtung. Deshalb hieß es immer: »Das können wir so nicht entscheiden, das müssen wir sehen, das müssen wir noch besprechen.« Aber ich bin einfach lästig und hartnäckig geblieben. Bin drangeblieben. Habe immer wieder nachgefragt. Und dann haben sie irgendwann gesagt, also wenn die Klinik einverstanden ist, dann überlegen sie noch mal. Sie haben den Ball an die Klinik zurückgespielt.

Jonas habe ich von all dem zuerst nichts erzählt. Ich wollte nicht, dass er sich auf einen gemeinsamen Segelsommer freut, aus dem dann doch nichts wird.

Meine große Hoffnung war dann, dass ich in der Klinik auf offene Ohren stoße. Bei den Ärzten und Betreuern, zumindest bei denen, die ich am Wochenende dort antraf, habe ich regelrecht Promotion gemacht für meine Idee. Zunächst sind sie durchaus darauf aufgesprungen. Jugendlicher Straffälliger auf dem Schiff – ich weiß auch nicht, wieso das so ein Renner ist. Wenn ich sage, jugendlicher Straffälliger auf einer Berghütte, kennt das kein Mensch. Und bei jugendlichen Straffälligen zurück ins familiäre Umfeld, da sehen alle rot. Aber auch hier hat die Idee mit dem Schiff gezündet. Zumindest in Ansätzen. Der Tenor war ganz ähnlich wie beim Frankfurter Jugendamt, sie wissen nicht genau, sie können das auch nicht wirklich empfehlen, aber na ja. Ein Hin und Her. Ich bin dann da richtig eingestiegen und habe ganz professionell ein Konzept skizziert: Vorteile, Nachteile, Chancen und Risiken. Ich habe das in der Klinik schnell aufgeschrieben, denn sie wollten ausdrücklich ein Konzept. Zehn Minuten später hatten sie es, handschriftlich, auf einem Zettel. Natürlich hatten auch sie viele Bedenken. Dass ich ins Ausland reisen wollte, gefiel ihnen auch überhaupt nicht. Ich habe erwidert, dass ich auf dem Boot über ein *SSB*-Gerät verfüge und E-Mails schreiben könne. Wenn sie wollte, melde ich mich jeden Tag zu einer bestimmten Uhrzeit. Dann kamen die nächsten Einwände: Wie käme Jonas da auf dem Schiff an seine Medikamente? Ich habe ihnen versichert, dass wir die Medikamente selbstverständlich mitnähmen und ich sie auch sicher verwahren könnte, analog zu den Signalpistolen. Das war jedenfalls die größte Sorge der Klinik: dass Jonas auf dem Schiff nicht in der richtigen Dosierung an seine Medikamente käme. Beziehungsweise dass ich ihm die nicht richtig verabreichen könnte, weil ich ja keine Ärztin sei. Also, es gab ein gewisses Wohlwollen für die Idee. Aber eigentlich hieß es erst einmal, nein, also, ob das klappt? Eigentlich braucht Jonas doch einen Folgeplatz in einer anderen Klinik.

Einen verantwortlichen Arzt an die Angel zu kriegen war auch schwierig. Ich war ja immer nur am Wochenende bei Jonas in der Klinik, und da hatte immer nur ein Assistenzarzt Dienst, der nichts entscheiden durfte. Der musste dann meine Idee erst wieder dem Verantwortlichen ausrichten und so weiter. Aber inzwischen hatte ich die Ärzte so weit, dass sie nicht komplett gegen die Idee mit dem Boot waren.

Schließlich kam die Information, dass sie der Reise zustimmen, allerdings nur unter der Auflage, dass wir uns weiter um einen Folgeplatz bemühen. Und sobald wir den finden, wird das nichts mit der Reise. Die Reise war sozusagen nur als Notnagel gedacht. Die Klinik wollte Jonas eigentlich nur an eine andere Klinik überstellen. In ein Gefüge, das sie kannten. Und das haben sie auch noch mal richtig forciert.

Ich war an einem Nachmittag mit Jonas in einer Einrichtung dort in der Nähe, die sie empfohlen haben. Wir haben uns beworben. Die Verantwortliche dort hat uns keine großen Hoffnungen gemacht, vor allem, weil wir keine Kostenübernahme von der Krankenkasse vorweisen konnten. Außerdem zeigte sich Jonas bei dem Besuch dort nicht wirklich kooperativ, sondern eher lustlos und bockig. Aber ich wollte der

Ausgangsklinik ja entgegenkommen. Wir hatten einen Haufen Auflagen, mussten allerhand Papierkram beibringen. Wir haben offiziell darauf hingearbeitet. Jonas musste sogar ein handgeschriebenes Motivationsschreiben verfassen. Ich habe dann zu der Ausgangsklinik gesagt: »Wir haben den Platz in der neuen Klinik schon fast. Es fehlen nur noch ein paar Dokumente. Aber im Prinzip so gut wie sicher.« Der Haken war lediglich, neben der fehlenden Kostenübernahme, dass es dort erst ab September einen Platz gegeben hätte.

So kam eines zum anderen, die Zeit wurde immer knapper, in Österreich fingen bald die Sommerferien an. In der Klinik konnte Jonas nicht bleiben. Keiner wusste, was jetzt zu tun war. Jonas' Vater war auf Geschäftsreise und nicht zu erreichen, auch für das Jugendamt nicht. Die Klinik hat dann begonnen, am Rad zu drehen, sie hat immer wieder nachgefragt, was jetzt mit Jonas sei. Sie würden ihn auf jeden Fall in zwei Wochen entlassen. Aber wohin? Die Klinik drängte darauf zu wissen, wer Jonas nach Ablauf der Behandlung abholen würde. Und da der Vater nicht zu erreichen war, musste ich das wohl irgendwie einplanen. Es verdichtete sich immer stärker: Außer meiner Idee mit dem Boot gab es nichts.

Peter hatte sich unsere Vorbereitungen auf den Sommersegeltrip sicher auch anders vorgestellt, als alle naselang von mir zu hören: »Du, Jonas kommt bestimmt mit. Das klappt.« Dann wieder: »Sie lassen den Jonas nicht, er darf nicht mit. Ich weiß nicht, ob wir fahren können.« Und dann wieder: »Doch, es sieht gut aus, Jonas kommt mit.« Es war ein ziemliches Hin und Her, eine emotionale Achterbahnfahrt. Ich hatte Sorge, dass Peter die Lust auf diese Sorte Patchwork-Familie gänzlich verliert und abspringt.

KAPITEL 18

Die Teenie-Crew

Bei Sonne, Wolken und mäßigem Wind kommen Max und Vincent mit der schnellen Katamaran-Fähre an. Vincent ist schon wieder gewachsen, so kommt es mir vor. Er wird immer kräftiger. Und er ist jetzt schon ganz sommerblond. Max hingegen ist nach wie vor so zart und schmal. Mein Klettermaxe. Ich bin froh, jetzt alle drei Jungs wieder bei mir zu haben. Caro, Jonas' Freundin, ist mit ihnen gemeinsam im Zug von Frankfurt nach Cuxhaven gefahren, hatte dann aber, aus welchen Gründen auch immer, ein Ticket für die normale Fähre. Da anscheinend bis zum Schluss unklar war, wann welche Fähre wo losfährt, hat eine fremde Frau sie in Cuxhaven netterweise schnell zum richtigen Hafen begleitet und sogar noch auf der Fähre angerufen, damit die extra noch zehn Minuten auf Caro wartet. Jedenfalls sind jetzt alle drei fast gleichzeitig zu Mittag da.

Erst mal geht es mit viel Gepäck zum Schiff. Caro hat einen riesigen Koffer dabei. Überhaupt ein Megagepäck. Sogar ein Schminkköfferchen sehe ich. Gott sei Dank hat sie in Cuxhaven doch noch eine Schwimmweste gekauft. Das war meine einzige Bedingung, dass sie die mitbringen muss. Das einzige Must-have. Deswegen habe ich mit Caros Mutter auch noch hin und her gemailt. Sie schrieb mir dann mehrfach: »Caro konnte bisher noch keine besorgen.« Himmel! Da bin ich aber standhaft geblieben. Ich habe hier die Verantwortung, auch für ihre Tochter, Sicherheit auf See ist wichtig. Und auf Helgoland kann man leider keine Schwimmwesten kaufen. Bevor wir ablegen, muss jeder eine passende haben. Jetzt ist die Schwimmweste am Start. Das ist das Wichtigste. Der Rest wird sich finden. Und abgesehen von dem Schwimmwesten-Theater habe ich mit Caros Mutter eigentlich nicht viel besprochen. Nur einmal ganz kurz, wie das denn mit der Verhütung sei. Ob sie das im Griff hätten? Ja, lautete die Antwort. Caros Mutter hat mich lediglich gebeten, Caros hundert Euro für die Rückfahrt für sie zu verwahren, damit sie die nicht ausgeben kann. Das schien fast ihre größte Sorge zu sein.

Ich hatte Jonas vor Beginn der Reise gesagt, wenn er sich gut aufführt, wenn alles okay läuft, darf Caro kommen. Ich dachte ja eher an zwei, drei Tage in Amsterdam. Oder sonst in den Niederlanden irgendwo, wenn das mit dem Segeln nicht mehr so schwierig ist und wir da ein langes Wochenende haben. Mir war nicht klar, dass Caro gleich zusammen mit Vincent und Max kommen und für den Rest des Segeltrips bleiben wollte. Aber ich wollte dann auch nicht sagen: Vincent darf mit, Max, der Opa auch und Caro nicht. Ich habe gedacht, ach komm, wir sind eine Familie. Und jetzt haben wir schon so viel geschafft. Einer mehr oder weniger, das macht nicht so viel aus. Ich wusste nicht viel über Caro, nur, dass sie ebenfalls eine verkrachte Schulkarriere hat und ein halbes Jahr jünger als Jonas ist. Bestimmt hätte Jonas ein Riesentheater gemacht, wenn ich nein gesagt hätte. Vor allem wäre das nicht fair gewesen. Denn Jonas hat seinen Teil der Abmachung eingehalten. Es ist ja bisher nicht schlecht gelaufen. Und er wollte gern, dass sie kommt. Vor einiger Zeit war Caro mit Jonas mal ein paar Tage bei uns im Dorf zu Besuch. Und ich wusste ja, dass Jonas in Frankfurt zeitweise bei ihr und ihrer Mutter gewohnt hat. Auch das war natürlich ein Grund, die Gastfreundschaft zu erwidern.

Mein Vater hat mir zugeredet, Caro mitzunehmen. Er war da sehr dafür. Er fand das nett. Und er dachte sich, wenn jemand Fremdes dabei ist, würden die anderen Teenies sich eher zusammenreißen, was ihr Benehmen anbelangt - was allerdings nicht wirklich der Fall war. Vielleicht hat eine Rolle gespielt, dass mein Vater aus eigener Erfahrung weiß, wie es ist, allein zu sein. Deswegen konnte er gut verstehen, dass Jonas Zeit mit seiner Freundin verbringen wollte. Hinzu kam, dass keiner wusste, wie es nach dem Sommer mit Jonas weitergehen würde. Viel gesehen hatten Jonas und Caro einander ja nicht in der letzten Zeit, so zwischen Einrichtung und Klinik. Und ich hab' mir gedacht, mehr stören als die anderen wird sie schon nicht.

Eine ganz klare Ansage habe ich Jonas und Caro gegenüber jedoch von Anfang an gemacht. Ich habe gesagt: »Wenn hier Drogen auftauchen, dann beenden wir die Sache. Sofort. Dann muss Caro sofort nach Hause. Ist mir auch völlig egal, ob das dann mitten in der Nacht ist. Ich setz sie dann in ein Taxi, ist mir egal, was das kostet. Dann ist sie weg.« Und Caro ist da nicht so wie Jonas, die versteht so eine Ansage. So was kann man ihr schon sagen. Ob sie sich daran hält, ist natürlich die nächste Frage. Aber dieses Vertrauen musste ich aufbringen, weil es gar nicht anders gegangen wäre. Ich hätte ja schlecht ihre tausend Koffer durchsuchen können.

Jedenfalls ist Caro jetzt auch da. Hübsch und zart und langhaarig-blond. Sie freut sich sehr, Jonas zu sehen. Auf dem Boot ist es ganz schön voll und trubelig. Sechs Personen und jede Menge Taschen und Rucksäcke, dazu Lebensmittel für mehrere Wochen. Full House auf der Kaimana! Mit so vielen helfenden Händen ist es aber ein Leichtes, gleich mal abzulegen und außen um den Hafen zum inneren Hafen und zur Tankstelle zu fahren. Obwohl gerade Hochwasser herrscht, ist es nicht sehr tief – weniger als ein Meter Wasser unterm Kiel. Wegen des Hochwassers stehen wir regelrecht im Stau an der Tankstelle. Wir müssen im Hafenbecken treibend fast eine halbe Stunde warten, bis ein Motorboot zu Ende getankt hat. Als wir dran sind, tanken wir 115 Liter Diesel und geben gleich die entsprechende Menge Grotamar gegen Dieselbakterien dazu, die die Filter verstopfen können. Dann fahren wir zurück zu unserem Hafenbecken, außen herum, vorbei an einem halb aus dem Wasser ragenden Wrack, und legen wieder an. Die neue Teenie-Crew ist guter Dinge: Auf der Kaimana gibt es jetzt neben zahllosen herumliegenden Socken ganz viel Zeug auf allen Bänken, lautes Fidget-Spinner-Gesurre, viel Lachen und lustige Gespräche.

Jonas freut sich, den anderen allerhand auf dem Schiff erklären zu können. So beschreibt er sehr genau die Funktionsweise des Klos. Zwar wissen Vincent, Max und mein Vater das noch grob aus dem letzten Jahr. Aber für Caro ist es wirklich ganz neu. Staunend lausche ich, wie Jonas die Details präzise ausführt: »Das hier sind die zwei Hebel, ein Einlass und ein Auslass, und die müssen, wenn man hin und her pumpen will, offen sein. Man muss unbedingt beachten, dass man sie auch nachher wieder schließt. Sonst läuft es über. Das ist zwar bloß Seewasser. Aber damit kann man ein Schiff versenken. Wenn der Hahn offen ist, kommt permanent Wasser rein, und dann kann das gefährlich werden.«

Ich spüre, Jonas ist stolz, der neuen Crew etwas essenziell Wichtiges weiterzugeben. Außerdem bringt er seinen Brüdern und Caro geduldig bei, wie Palstek und Fenderknoten zu knüpfen sind. Das kann wirklich sehr hilfreich sein. Wenn alle Teenies mit den Fendern umgehen können, werden die Anlegemanöver weniger stressig. Und es ist ja auch gut, wenn das Klo auf See nicht überläuft. Ich mache mir klar, dass Jonas in den vergangenen Wochen doch einiges gelernt hat. Den anderen dreien etwas zu zeigen, etwas zu beherrschen, was sie noch nicht können, ist enorm gut fürs Selbstwertgefühl. Juhu. Jetzt bin ich auch stolz.

Am Nachmittag zeigen wir den anderen den Helgoland-Rundwanderweg zu den Tölpelfelsen. Vincent bemerkt, dass diese roten Sandsteinfelsen unbesteigbar sind, weil sie einem unter den Fingern wegbrechen würden. Die Vögel stört das allerdings nicht. Max macht unzählige Fotos von den majestätischen Meeresvögeln. Zurück auf dem Schiff kochen wir einen Riesentopf Nudeln. Ich hatte schon vergessen, wie viel meine Söhne vertilgen können.

Heute und in den letzten Tagen habe ich sehr viele andere Segler im Hafen interviewt: Wohin fahrt ihr, was habt ihr für eine Route, wann fahrt ihr los? Es war schon fast peinlich, weil alle außer mir das mehr oder weniger wussten. Ich lasse mir gern den Vorwurf gefallen: Hey, als Captain musst du doch eigentlich selbst wissen, auf welcher Route du segeln willst. Ich muss es selbst entscheiden, das ist schon richtig, aber ich sauge von jedem Informationen auf. Ob und wie ich die dann verwende, ist etwas anderes, aber ich bin mir nicht zu schade, irgendjemanden nach dem Weg zu fragen. Und es wurde allgemein befunden, dass unser Plan schon hinhaut.

Der Plan, unter Einbezug eben dieser Segler-Hinweise, diverser Bücher, Hafenhandbücher, Wetterprognosen aus dem Netz und den Strömungs- und Gezeiten-Vorhersagen vom Bundesamt für Seeschifffahrt, ist nun folgender:

Um zwei Uhr nachts ablegen und mit Halbwind, 3 bis 4 Beaufort, bis zur Tonne Weser 2 segeln, dabei das Verkehrstrennungsgebiet an einer erlaubten Stelle überqueren. Eigentlich sind es drei Spuren, Elbe (Cuxhaven/Hamburg), Weser (Wilhelmshaven) und die Hauptspur namens TG/C Richtung Niederlande, zu der wir später parallel segeln müssen. Überwacht wird das Ganze von *German Bight Traffic,* der Verkehrszentrale für die Deutsche Bucht auf Kanal 80.

Danach wollen wir die vorhergesagte Winddrehung ausnutzen und ab fünf Uhr morgens im Verkehrstrennungsgebiet Terschelling German Bight zwischen der Tankerspur und den ostfriesischen Inseln Wangerooge, Spiekeroog, Langeoog und Baltrum nach Norderney segeln. Zwischen diesen Inseln gibt es sogenannte Seegatten. Das sind Rinnen, in denen sich zwischen Ebbe und Flut starke Strömungen bilden. Eine zusätzliche Schwierigkeit ist, dass es beim Übergang zum Meer Barren gibt, also Schwellen, die bei Ebbe sehr untief, das heißt flach, sind. Zu flach, um bei Ebbe drüberzufahren. Die Barren sind nur bei Flut gut passierbar. Das Dovetief im Osten und das Schluchtertief im Westen sind die beiden Barren für Norderney. »Tief« heißt das hier ja, wenn es nicht tief ist. Damit wir da gut rüberkommen, wollen wir gegen elf Uhr, bei auflaufendem Wasser mit Strömung und genug Wasser auf der Barre, über das Dovetief nach Norderney fahren. So weit der Plan. Die Wettervorhersage ist gut: leichter bis mäßiger Wind aus Südwest bis West, bewölkt, einige Schauer am Nachmittag möglich.

Die Profi-Crew ist jetzt ja abgereist. In der aktuellen Konstellation, mit den Teenies, meinem Vater und mir, sind wir Anfänger, und dazu stehe ich. Meine Teenie-Crew weiß das, und deswegen macht sie, was man ihr sagt. Und wir überlegen uns dreimal, was wir tun, weil wir wissen, dass wir Anfänger sind. Das halte ich für viel besser, als wenn jemand sagt: Ich kann alles. Das ist gefährlich. Wir wissen, dass wir nichts können, und deswegen passen wir auf. Ich höre zu, wenn mir einer etwas sagt und erwidere nicht sofort: Ich weiß alles besser, ich kann das. Dann kann ich immer noch denken, okay, ich mache das trotzdem anders. Mache ich auch manchmal, aber erst höre ich zu, und dann weiß ich, wo ich aufpassen muss und wo die Schlüsselstellen sind. Segeln kann ich ganz passabel, aber so ein großes Schiff ist eben auch nicht zu unterschätzen, da wirken enorme Kräfte.

Wir lösen uns schon einmal aus dem Päckchen und hängen uns an eine Boje im Hafen. So können wir in Ruhe alles aufräumen, alle Fender wegbinden und die Leinen versorgen. Damit wir dann um zwei Uhr früh, wenn wir starten wollen, nur eine Vorleine losmachen müssen und abfahren können. Mal sehen, wie es läuft. Die Kaimana ist zu diesem Zeitpunkt *ready to sail.* Alles aufgeräumt, Tanks gefüllt. Crew vollzählig. Bereit zum Start auf der Nordsee.

KAPITEL 19

Der Rückschlag

Ich hatte sie alle fast so weit: das Jugendamt, die Betreuer in der Klinik, die Ärzte. Wobei mein unmittelbares Umfeld überhaupt nicht überzeugt war. Fast alle aus meiner Verwandtschaft, Peter, mein Skischulfreund Hannes, eigentlich alle, haben gesagt: Den drogenabhängigen Jonas mit aufs Boot nehmen? Bist du wahnsinnig? Das kann doch gar nicht funktionieren. Keiner hat mir das zugetraut. Und keiner hat gesagt: Komm, mach das, das ist gut. Keiner. Alle haben gesagt, was für eine Schnapsidee. Selbst mein Vater war von Anfang an überzeugt, dass das nicht gehen wird. Peter und mein Vater waren ja schon skeptisch gewesen, als ich das Boot gekauft hatte. Und trotzdem haben mich beide letztlich unterstützt. Kopfschüttelnd zwar, aber am Ende waren sie auf meiner Seite.

Jonas hatte ich nach wie vor absichtlich noch nichts von meiner Idee erzählt, weil ich Sorge hatte, dass er in ein Loch fällt, wenn er dann doch nicht mitkommen darf. Das Jugendamt hatte gesagt, sie denken drüber nach, wenn die Klinik einverstanden ist. Und die Klinik hatte gesagt, sie seien nicht einverstanden, aber sie seien auch nicht total dagegen. Sodass ich fast den Eindruck hatte, meine Aufgabe sei eigentlich nur noch, das irgendwie ein bisschen umzuformulieren oder anders zu verpacken. Die Chancen standen gut.

Das war die Situation, in der die Kinder und ich an einem Wochenende erneut in die Klinik gefahren sind, um Jonas zu besuchen. Ich wollte bei Jonas ein bisschen vorfühlen, weil ich ja nicht wusste, ob er nicht vielleicht sagt: »Nein, ich will gar nicht mit. Leck mich doch, ich habe keine Lust aufs Segeln.« Hätte ja sein können. Deswegen hatte ich mir vorgenommen, ich erspüre mal, wie so die Lage bei ihm ist, und erzähle ihm dann von dem Segelprojekt. Denn wenn ich mich mit meiner Idee durchsetzen kann, dann muss er ja mit.

Und dann waren, als wir ankamen, die Betreuer gerade dabei, Jonas' Zimmer zu durchsuchen. Ein routinemäßiger Test, eine Urinprobe, hatte ergeben, dass er offenbar wieder Drogen genommen hatte. Es war ein positiver Drogentest mit allem möglichen Zeug drin. Nicht nur Cannabis, sondern alle möglichen fiesen Sachen. Heroin, Kokain und Medikamente in hoher Konzentration. Eine Katastrophe. Für mich ist eine Welt zusammengebrochen. Ich weiß noch, dass ich in diesem Augenblick einem Freund geschrieben habe, ich glaube, sterben ist leichter.

Es war alles gerade so im Flow. Ich habe einfach erwartet, dass es wieder bergauf geht. Dass wir aus dem Loch rauskommen. Dass die Sache gut ausgeht. Wahrscheinlich war das eine unrealistische Erwartung, so ähnlich wie bei Leuten, die eine tödliche Krankheit haben und auch immer annehmen, dass es ihnen bald wieder besser geht. Bei meiner Mutter war das so. Man will bis zuletzt eben immer an das Gute glauben. Sonst kann man ja gar nicht weitermachen. Und wenn es dann doch anders kommt, dann bricht eine Welt zusammen. Alle anderen verstehen das nicht und sagen, ja komm, das hast du doch gewusst. So ging es mir in diesem Moment. Alle anderen hätten in dieser Situation bestimmt gesagt, ja, was hast du denn erwartet? Dass Jonas von jetzt auf gleich ganz clean ist und alles super wird? Oder wie? Hast du denn gar nicht damit gerechnet, dass er einen Rückfall haben kann?

Teil meiner Trickkiste ist, dass ich mir so lang in die Tasche lügen kann, bis ich es selbst glaube. Ich hatte mit so etwas tatsächlich überhaupt nicht gerechnet. Für mich war damit der ganze Plan zum Teufel. Deshalb war das so krass. Ich war wie versteinert. Ich konnte gar nicht heulen. Aber innerlich bin ich zusammengebrochen. Natürlich war es gut, dass ich keinen hysterischen Anfall gekriegt und nicht gleich losgeheult habe. Das hätte ja nichts gebracht. Ich habe einfach wie mit einem Hebel umgeschaltet auf eine Art Notfallmodus und zu den Betreuern gesagt: »Wir finden jetzt das Zeug.« Ich habe versucht, ruhig zu bleiben, und mir gesagt: Das ist hier eine Klinik, die werden damit umgehen können, die checken, was das ist. Und dann schauen wir, wie es weiterläuft. Dann habe ich den Klinikbediensteten geholfen, das Zimmer zu durchsuchen, und habe gesagt: »Also, unterm Bett gucken brauchen wir nicht, aber wir müssen die Bilder abhängen, den Spülkasten der Toilette aufmachen, den Teppich hochheben.« So viel wusste ich dann schon. Wir haben alles durchsucht, aber nichts gefunden.

Die Verantwortlichen in der Klinik waren allerdings längst nicht so alarmiert wie ich. Sie haben gesagt, okay, Jonas hatte einen Rückfall. Aber es war ja zu erwarten, dass das mit dem Entzug nicht von heute auf morgen geht. Sie haben dann sofort eine neue Urinprobe gemacht. Und da haben sie dann festgestellt, dass Jonas zwar offenbar wieder Cannabis genommen hatte, nicht aber diesen Heroin-Kokain-Medikamenten-Mix, der in der ersten Probe war. Anschließend haben sie mit ihm geredet. Gespräche waren in der Klinik immer ganz wichtig, geredet haben sie immer ganz viel. Die Eltern waren bei solchen Gesprächen nicht dabei. In dem Gespräch hat Jonas dann ausgepackt. Er hat zugegeben, dass er in einem Duschgel eine Probe mithatte von einem Drogenabhängigen aus der Einrichtung im Westerwald. Der hatte sich alles Mögliche reingezogen und Jonas diese Urinprobe als clean verkauft. Das heißt, Jonas wollte seinen Cannabis-Konsum mit einer Urinprobe eines anderen kaschieren, der allerdings noch viel stärkere Sachen genommen hatte. Und deswegen war die Lösung dann auch ganz einfach: Die Klinik sagte, das kommt vor. Das ist nicht so schlimm. Kein Drama. Sie machen weiter ihre Therapiestunden mit ihm. Natürlich war ich heilfroh, dass diese fiese Probe nicht von Jonas war. Dennoch stellte sich die Frage, woher er eigentlich das Cannabis hatte. Er hat dann zugegeben, dass er es sich per Brief in die Klinik hatte schicken lassen, schön geruchsneutral in Alufolie eingewickelt. Geschickt von irgendeinem Kumpel, den er aber nicht verpfeift. Dafür hat der ihn, wo er auch immer mit Postadresse zu erreichen ist, mit Stoff versorgt. Wie man das alles bewerkstelligt, hatte er ja in der Einrichtung im Westerwald gelernt. Ebenso, dass man in Schuhabsätzen gut Drogen verstecken kann. Deswegen trugen die Jugendlichen dort auch immer nur Schlappen.

Mir hat Jonas gesagt, dass er das irgendwie gebraucht hat: »Mami, du verstehst das nicht.«

Ich musste mich sehr zusammenreißen, um nicht zu heulen und nicht mit irgendwelchen Schuldzuweisungen oder Vorwürfen zu kommen. Ich habe erwidert:

»Ja, kann sein, dass du das gebraucht hast. Und ich verstehe es auch wirklich nicht. Aber so geht es halt auch nicht.«

Die Klinik hat im Anschluss an diese Episode noch einmal forciert, dass wir eine Folgeklinik für Jonas finden. Und zwar subito, denn sie haben ihre Regeln: Einmal darf man rückfällig werden. Beim zweiten Rückfall müssen sie entlassen. Da müssen sich ihre Patienten dann einfach überlegen, ob sie wirklich einen Entzug machen wollen oder nicht. Sie sind freiwillig da. Und wenn sie weiter kiffen wollen, dann werden sie nach Hause geschickt. Nur hieße das in Jonas' Fall eben nicht nach Hause, sondern in Haft.

Dieser toll geplante Besuch ist also völlig ins Wasser gefallen. Und von meiner Segelidee habe ich Jonas vorerst wieder nichts erzählt. Ich habe nur gesagt: »Pass auf, wenn du jetzt nicht mitmachst und wenn das noch mal vorkommt, dann wanderst du in den Knast. Da können wir nicht mehr zusammen Ski fahren.« So ganz konnte ich meine Enttäuschung doch nicht verbergen. Aber Gott sei Dank bin ich nicht ausgeflippt.

Ich war mir jedoch ziemlich sicher, dass nach diesem Rückfall die Chance für Jonas, mit aufs Boot zu kommen, gleich null war. Enttäuscht, ernüchtert und entmutigt habe ich die anderen beiden Kinder eingepackt und bin nach Hause gefahren. Und habe mich gefragt, ja, was mache ich denn jetzt? Eigentlich wollte ich in zwei Wochen lossegeln. Und war nun der festen Überzeugung, die Klinik würde Jonas nie und nimmer ihr Placet für die Bootsreise geben.

KAPITEL 20

Sturm

Wir starten von Helgoland aus am 12. August kurz nach zwei Uhr nachts. Es ist nur leicht windig. Mein Vater und ich sind an Deck, der Rest der Mannschaft schläft noch.

Ich weiß, dass ich es jetzt erneut mit einer – bis auf Jonas vielleicht – mehr oder minder unerfahrenen Crew zu tun habe. Und mir ist klar, dass diese Passage die schwierigste Etappe der ganzen Reise ist. Die Schlüsselpassage. Sie ist am weitesten, wir haben es mit den Gezeiten zu tun und müssen über die Barre. Ich ahne, dass das hakelig werden kann. Danach, in den Niederlanden, wird es bestimmt wieder chillig. Aber jetzt bin ich doch etwas angespannt.

Wir können das Großsegel schon hochziehen, während wir noch an der Boje liegen, und fahren direkt aus dem Helgoländer Vorhafen mit vollen Segeln in Richtung deutsches Festland. Was allerdings wirklich doof ist: Kaum sind wir aus dem Hafenbecken raus und drei Minuten auf See, kommt Caro an Deck, grün im Gesicht. Ihr ist speiübel. Jonas kommt kurz rauf und versorgt sie mit einem Eimer. Dann verzieht er sich wieder unter Deck. Caro sitzt ab jetzt dauerkotzend im Cockpit. Sie muss so stark würgen, dass sie gar nicht mehr reden kann zwischendurch. Es beutelt sie so richtig. Sie wimmert. Oh je, das arme Mädchen! Ich weiß, wir haben noch mindestens 18 Stunden auf See vor uns. Das ist mir echt ein bisschen peinlich. Caro ist ja nicht meine Tochter. Ich frage mich, ob es eine gute Idee war, sie mit an Bord zu nehmen. Na ja, abwarten. Seekrankheit erwischt manche einfach heftig, das konnte ich ja so nicht ahnen.

Abgesehen davon läuft zunächst alles nach Plan, doch der Wind kommt eher aus Südwest als aus West, und so müssen wir von Anfang an am Wind fahren. Da die Strömung quer zu uns fließt, versetzt sie uns etwas quer Richtung Cuxhaven. Immerhin können wir so das ganze Verkehrstrennungsstraßen-Bündel auf einen Rutsch und vorschriftsmäßig rechtwinklig überqueren.

Es ist zwar recht viel Schiffsverkehr, aber wir kommen ganz gut durch. Meine Phobie aus dem vergangenen Jahr, als wir noch kein *AIS* hatten, dass wir mit einem Tanker zusammenstoßen könnten, habe ich inzwischen abgelegt. Außerdem haben wir jetzt schon öfter Tankerspuren bei Tag und Nacht überquert. So langsam gewöhne ich mich daran.

Durch die Strömungs- und Windrichtungs-Ablenkung sind wir jedoch erst um sechs Uhr bei der Tonne Weser 2, also eine ganze Stunde zu spät. Das ist misslich. Und dann müssen wir auch noch kreuzen, denn der Wind kommt mittlerweile exakt aus der Richtung, in die wir fahren wollen. Erst geht das ganz gut, es ist nicht zu viel Wind, die Wellen sind mäßig hoch, unser Wendewinkel beträgt circa 90 Grad. Die Strömung, die ab fünf Uhr mit uns fließt, schiebt uns ordentlich an. Doch dann kommen sehr dunkle Wolken auf, und eine Schauerböe nach der anderen zieht über uns hinweg. Zum Glück steuert der Windpilot die meiste Zeit, ziemlich nass werde ich trotzdem. Da hilft mein Skianzug auch irgendwann nicht mehr. Caro nimmt verschiedene Tabletten und Kaugummis gegen die Seekrankheit, leider wirken sie alle nicht. Caro spuckt weiter. Sie tut mir echt leid, so elend, wie sie da über dem Eimer hängt. Offenbar muss sich ihr Körper erst einmal an das Schiff gewöhnen. Sie ist zum ersten Mal auf einem Segelboot. Ganz schöner Mist, dass ihre Premiere an Bord der Kaimana derart unangenehm ausfällt. Jonas schläft wieder, seine Brüder ebenfalls. Ich würde Caro gern trösten, muss aber wegen des immer stärkeren Windes und der Böen aufs Vorschiff, um Groß- und Vorsegel zu reffen. Dort werde ich ein zweites Mal komplett abgewaschen. In der Zwischenzeit ist mein Vater am Steuer.

Die Kaimana liegt durch den harten Am-Wind-Kurs ziemlich schief. Das verstärkt Caros Seekrankheit leider noch. Mittlerweile ist auch meinem Vater übel. Abwechselnd übergeben sich die beiden in den Mülleimer, über die Reling wäre es inzwischen viel zu gefährlich. DP07, ein Seefunk für die deutsche Sportschifffahrt, spricht auf UKW immer noch von abnehmenden Winden und Schauerböen von 5 bis 6 Beaufort.

Durch die Kreuzerei und den starken Gegenwind von 6, in Böen 7 Beaufort bilden sich sehr hohe Wellen: erst zwei, später drei Meter. Puh. So langsam wird das Segeln hier eine größere Herausforderung. Denn durch die hohen Wellen kommen wir nicht schnell genug voran und nähern uns unserem Ziel Norderney nur sehr langsam. Zu langsam, um das günstige Zeitfenster zu erwischen, das wir brauchen, um dort mit auflaufendem Wasser über die Barre hineinzufahren.

Einige Segler auf Helgoland haben mich ja vor den Barren zwischen den Inseln gewarnt. Vor allem, wenn Strömung gegen Welle steht und sich an den untiefen Stellen Wellenlöcher bilden können, an denen das Wasser plötzlich nur mehr ein paar Zentimeter tief sein kann. Da besteht dann die Gefahr, auf Grund zu laufen.

In der Zwischenzeit sind die anderen auch aufgewacht und kotzen abwechselnd, der Einfachheit halber mittlerweile im Cockpit auf den Boden. Der Cockpitboden ist bei vielen Schiffen, so auch bei uns, in würfelförmigem Teak gehalten, wo das Erbrochene dann durchfällt. Jörn nennt eine solche Kotzerei deshalb Würfelhusten. Schöner Mist. Sturm, heftige Regenschauer, eine seekranke Crew und das Reiseziel nicht in Sicht. Es herrscht Endzeitstimmung auf der Kaimana. Die Jungs schimpfen, Caro wimmert und fragt immer wieder, wann wir endlich da sind. Und mein Vater ist ganz schön blass. Ich brauche einen neuen Plan.

Nach Cuxhaven zurückfahren? Aber das wäre die falsche Richtung, und bei den hier vorherrschenden westlichen Winden verlagert sich das Problem möglicherweise nur um ein paar Tage. Einen anderen Hafen anlaufen? Spiekeroog und Wangerooge haben nur sehr kleine Häfen, die bei Ebbe trockenfallen, und außerdem gibt es auch dort jeweils Barren am Übergang zur Nordsee. Trotzdem nach Norderney fahren wie geplant? Mit meiner seekranken Teenie-Crew traue ich mich jetzt nicht, den Rat erfahrener Nordsee-Segler zu missachten: Wir müssten zur falschen Zeit, bei ablaufendem Wasser, mit Strömung und Wind gegen uns und noch dazu bei schlechter Sicht über die Barre vom Dovetief segeln. Nein. Wegen des Siechtums auf der Kaimana will ich seglerisch nichts riskieren.

Also weiterfahren und den nächsten tiefen und sicheren Hafen anlaufen? Das wäre dann Borkum, noch mal fast vierzig Meilen weiter entfernt. Keine schöne Vorstellung. Doch ich lerne gerade wieder mal dazu: Vorhersagen sind Vorhersagen. Und die Nordsee ist die Nordsee. Auf dem Meer muss ich eben dessen Spielregeln akzeptieren. Ich muss jetzt flexibel sein.

Ich bespreche mich kurz mit meinem Vater und entscheide dann zugunsten der Borkum-Variante. Notfalls müssen wir eben noch eine Nacht auf See verbringen. Mir ist zum Glück nicht schlecht. Ich weiß, dass mir jetzt auch nicht schlecht werden wird. Weil mir nicht schlecht werden darf. Ich kann mich auf meinen Körper, mehr noch auf mein inneres System, verlassen. Angst habe ich nicht. Wenn es darauf ankommt, kann ich mich extrem gut zusammenreißen. Das weiß ich auch von den vielen Skirennen, die ich gefahren bin und gewonnen habe. Ich bin fit und kann noch eine ganze Weile ohne Schlaf auskommen. Das ist jetzt einfach ein Moment, in dem Handeln gefragt ist. Die Kaimana kann das alles locker ab, nur die Crew ist ziemlich am Ende. Dass für Caro eine ernste Gesundheitsgefahr besteht, halte ich aber für sehr unwahrscheinlich. Die Kotzerei wird schon wieder aufhören. Man fühlt sich bei starker Seekrankheit, als müsse man sterben, aber erfahrungsgemäß ist es auch schnell wieder vorbei. Und Sicherheit geht vor: Also fahren wir weiter bis Borkum. Später werden wir in den Niederlanden durch die Kanäle schippern, ohne Starkwind und ohne Wellen. Das ist der neue Plan, es ist eine gut überlegte, keine leichtsinnige Entscheidung. Mit Planänderungen habe ich, im Gegensatz zu vielen erfahrenen Seglern, kein Problem. Froh bin ich, darauf bestanden zu haben, dass die gesamte Crew Schwimmwesten trägt. Und auch, dass ich so gewissenhaft bin, was die Seenotsignale anbelangt. Für einen Notfall haben wir jedenfalls alles an Bord.

Bevor wir losgesegelt sind, habe ich zudem allen Kindern und meinem Vater, Jonas sogar mehrfach, gezeigt, was sie im Notfall tun müssen. Ich habe ihnen erklärt, wie man den Notfallkanal des Funkgeräts bedient, der immer eingeschaltet ist. Das ist nicht so wahnsinnig schwer. Es gibt natürlich eine Prozedur, man muss *mayday, mayday, mayday* sagen. Man muss den Schiffsnamen nennen und die Schiffsnummer, die direkt neben dem Funkgerät klebt. Ich habe ihnen gezeigt, wo man die eigene Position ablesen kann, ihnen eingeschärft: draufdrücken – reden, loslassen – hören. Und falls das doch nicht klappt, weil das Gerät defekt ist, dann haben wir noch die gelbe Notfunkbake, das *EPIRB*. Auch wie das funktioniert, habe ich allen gezeigt. Außerdem habe ich meiner Mannschaft eingeschärft, falls wider Erwarten doch jemand über Bord gehen sollte, sofort den Motor und alle Lichter anzuschalten. Einer muss die Person im Wasser im Auge behalten, und man muss sofort zurückfahren.

Mittlerweile haben wir auch die Strömung gegen uns – das ändert sich ja alle sechs Stunden –, was dazu führt, dass wir, obwohl wir normal gekreuzt haben, eine Spur wie eine liegende Acht haben. Eigentlich sind wir also eine Zeit lang rückwärtsgefahren.

Deshalb machen wir jetzt den Motor an und kämpfen uns mit gerefftem Großsegel, hart am Wind im 45-Grad-Winkel, gegen die Wellen mit einer Geschwindigkeit von 3 bis 4 Knoten weiter Richtung Borkum. Mittlerweile hat DP07 eine

Windwarnung für die Deutsche Bucht herausgegeben. Ein paar Stunden später dann Sturmwarnung. Der Wind wird tatsächlich immer stärker. Und die Wellen immer höher. Ein schwarzer Wolkenhaufen nach dem anderen wäscht mich am Steuer und das Schiff inklusive vollgespucktem Cockpitboden durch. Mit den Schauerwolken kommen auch die Starkwindböen. Mittlerweile ständig um die 7, in Böen auch 8 Beaufort und mehr. Das größere Problem sind allerdings die Wellen. Tapfer kämpft sich die Kaimana durch. Aber es ist verdammt anstrengend am Steuer. Ich weiß, ich muss durchhalten. Nach einigen Stunden haben wir auch die Strömung wieder mit uns. So können wir zunächst 4 bis 5, dann sogar 5 bis 6 Knoten fahren. Die Mägen der gesamten Crew sind mittlerweile leer und die Gesichter bleich bis grünlich. Aber wir schaffen das. Eine Alternative gibt es nicht. Zum Glück ist Caro inzwischen – völlig erschöpft – auf der Bank im Salon eingeschlafen.

Plötzlich hören wir auf UKW Kanal 16, dem Notkanal, der immer angeschaltet sein muss, wenn man unterwegs ist: »Kaimana, hier Socorro.« Große Freude! Jörg und Christine haben wir vergangenes Jahr in der Ostsee getroffen. Sie waren dieses Jahr in Frankreich und sind jetzt auf dem Rückweg.

Max ist am Funkgerät, denn ich kann schon seit vielen Stunden keine Minute vom Steuer weg. Jörg und Max vereinbaren einen anderen Kanal und unterhalten sich auf diesem, denn der Notkanal muss ja immer frei sein. Die Socorro ist in Norderney. Wenn alles nach Plan gelaufen wäre, hätten wir uns dort getroffen. So funken wir wenigstens miteinander.

Später erfahren wir von Jörg, dass ein Schiff auf dem Rückweg von der Karibik an diesem Tag vor Norderney seinen Kiel an der Barre zum Dovetief abgerissen hat.

Mit Strömung und Motorunterstützung sind wir schneller als erwartet auf der Höhe von Borkum. Immer mal wieder müssen wir rauskreuzen, um weit genug weg von den Untiefen und dem Borkumer Riff zu bleiben. Um neun Uhr abends sind wir auf Höhe des Borkumer Leuchtturmes und sehen einen schönen Sonnenuntergang über gischtend und schäumend aufgebrachtem Meer. Sollen wir vielleicht doch noch schnell in den Hafen fahren? Ist das nicht besser als die ganze Nacht hier draußen auf dem Meer zu verbringen?

Doch so ein Anlegemanöver bei Dunkelheit in einem fremden Hafen ist kompliziert und stressig. Zur Sicherheit versuche ich, auf Kanal 17 den Hafen von Borkum anzufunken. Keine Antwort, die haben wohl schon Feierabend. Dann auf Kanal 16 »*all stations* im Hafen Borkum«. Sofort meldet sich Bremen Rescue, also die Seenotrettung, ob wir Hilfe benötigen. Ich erwidere, eigentlich nicht, ich will nur wissen, ob wir um diese Zeit den Hafen in Borkum noch anlaufen können. Hätten wir dort Platz? Ist die Einfahrt beleuchtet? Außerdem sage ich, dass wir viele kotzende Bleichgesichter an Bord haben und zusätzlichen Stress eigentlich vermeiden wollen. Die Seenotretter stellen eine Verbindung mit dem Seenotkreuzer Alfried Krupp her, der in Borkum stationiert ist. Und die sagen uns, dass wir in den Schutzhafen kommen und dort längsseits anlegen können. So weit, so gut.

Leider nehmen die Wellen in der Ems-Mündung überhaupt nicht ab. Eher werden sie dort noch größer, weil es nicht mehr so tief ist und die Strömung der Ems offenbar gegen die Wellen der Nordsee alles hexenküchenmäßig durcheinanderspült. So kämpfen wir uns mehrere Stunden gegen Wind, Wellen und Strömung von dem Riff und den Untiefen frei.

Durchaus erfolgreich, aber sehr langsam. Mit 1 bis 2 Knoten über Grund. Riesenwellen überschwappen uns laufend. Ich kriege am Steuer abwechselnd Süßwasser- und Salzwasserduschen ab. Dazu bläst ein orkanartiger Sturm. Mittlerweile ist es stockdunkel, es schüttet, und die Crew hört gar nicht mehr auf zu kotzen.

Wenn ich ehrlich bin, kenne ich mich nicht mehr so genau aus. Überall sind Lichter, überall Tonnen. Ich stehe Stunde um Stunde am Steuer, und schon wieder – wosch – wäscht mich eine Welle komplett durch. Mein Vater hält das iPad, denn ich will natürlich nicht, dass es über Bord geht. Ich kann die Hände nicht vom Lenkrad wegnehmen. Also frage ich ihn: »Wie weit müssen wir noch fahren? Wie weit muss ich mich rechts oder links halten?«

So genau kann er das bei diesen Bedingungen, im Dunkeln, aber leider auch nicht sagen. Man müsste jetzt ganz gezielt navigieren, weil überall Riffe sind. Ich habe nicht gedacht, dass das noch so weit ist. Ich dachte, da sausen wir jetzt rein und sind dann gleich im Hafen von Borkum.

Um halb zwölf in der Nacht erhalten wir schließlich einen Funkspruch von der Alfried Krupp, dessen Besatzung uns auf ihrem *AIS*-Schirm beobachtet hat. Ob sie uns begleiten sollen, in den Hafen. Ehrlich gesagt ist das die Rettung. Mein Vater hat schon vor einiger Zeit darauf gedrungen, sie anzufunken. Okay, vielleicht habe ich etwas zu lang gewartet, weil ich es allein schaffen wollte. Aber jetzt nehme ich die Hilfe gern an. So genau weiß ich auch nicht, wo hier auf Borkum die Hafeneinfahrt ist. Gerne, funken wir zurück. Sie koordinieren unsere Einfahrt in den Hafen: Wir können zuerst einem niederländischen Pilot-Boot, der Lyra – beleuchtet wie ein Christbaum – nachfahren, und sie übernehmen uns dann vor dem Borkumer Hafen, am Leitdamm bei der Leuchtbake Fischerbalje. Mittlerweile bei steigender Flut und auflaufendem Wasser, mit gerefftem Großsegel, ganz dicht beigeholt, obwohl wir auf Vor-Wind-Kurs segeln, damit es nicht auch noch jemanden über Bord haut. Plötzlich haben wir 9,5 Knoten drauf. Absurfend auf den gefühlt drei Meter hohen, sich brechenden Wellen. Die Kaimana ist gar nicht mehr so leicht zu steuern, weil ich in der einen Hand das Funkgerät habe, um mit der Alfried Krupp zu reden, meine Skibrille inzwischen mehrere Salzkrustenschichten aufweist und es komplett finster ist. So folgen wir dem Schiff der Seenotrettung in den Hafen. Immer wieder sagen sie, wir müssen ihnen ganz dicht folgen, weil viel Strom setzt. Das bedeutet, dass es eine gewaltige Strömung hat, die einen an den diversen Einfahrten einfach vorbeischieben und damit »auf die Sände« setzen kann.

Wir müssen noch schnell das Großsegel bergen. Jonas und Vincent reißen sich mega zusammen und holen – angehängt mit Sicherheitsleinen – trotz Übelkeit das Großsegel runter und bringen rund ums Schiff Leinen und Fender an. Super. Meine Jungs. Im Ernstfall kann ich mich auf sie verlassen. Ich bin beiden sehr dankbar, habe aber keine Zeit, ihnen das zu sagen. Wir heften uns laut Anweisung dem Schiff der Seenotrettung an die Fersen, fahren mit 8 bis 9 Knoten dicht an einer dunklen, rostigen Hafen-Spuntwand entlang und biegen dann auf Kommando mit Vollgas und scharfer Kurve in den Hafen ein. Zwischen roten und grünen Lichtern, mehr ist nicht zu erkennen. Dort legen wir neben dem Seenotkreuzer an. Dessen Besatzung hilft uns, die Kaimana festzubinden und begleitet uns wackligen Bleichgesichtern an Land. Die

Leute von der Seenotrettung sind alle sehr nett und bieten uns medizinische Hilfe an. Doch eigentlich benötigen wir keine. Die gesamte Crew ist einfach nur froh, endlich da zu sein. Die Nordsee hat uns heute wirklich alles abverlangt.

Später trinkt mein Vater noch einen Whiskey, und Caro mümmelt ein Toastbrot. Ich schlafe nach 24 Stunden auf stürmischer See in meinen nassen Klamotten auf der Bank im Salon ein. Um halb drei. *What a day.*

KAPITEL 21

Die Entscheidung

Die Klinikbediensteten mochten Jonas, sie fanden ihn sympathisch. Er war immer nett, freundlich und pünktlich. Und er ist einfach jung. Deren sonstige Patienten waren in der Mehrzahl ältere, depressive Menschen mit Burn-out, ausgebrannte Manager. Da war der junge Jonas, mit seiner coolen Musik im Ohr – tsch, tsch, tsch – auch einfach mal eine Abwechslung. Er erzählte ihnen von Frankfurt oder von dem, was er gerade im Fernsehen gesehen hatte. Die wollten ebenfalls nicht, dass er in Haft muss.

Nach Jonas' Rückfall mussten Jonas' Vater und ich die Klinikärzte von ihrer ärztlichen Schweigepflicht entbinden, damit sie dem Gericht in Frankfurt davon berichten konnten. Denn das musste Bescheid wissen. Die Ärzte gaben folglich Auskunft über einen »im Therapieverlauf zu erwartenden Vorfall«, so nannten sie das. Sie schätzten die Episode gar nicht so dramatisch ein, wie ich das getan hatte. Ich habe ja gedacht, das sei jetzt das Ende der Therapie und es habe alles ohnehin keinen Sinn mehr. Deren Tenor war aber eher: Das kommt vor. Und man müsse sich jetzt um eine andere Klinik speziell für Jugendliche bemühen.

Und trotzdem tickte weiterhin die Uhr. Die Krankenkasse zahlte nicht länger als zweieinhalb Monate. Eine andere Einrichtung war nach wie vor nirgends in Sicht.

Mein Eindruck war, dass ich am Wochenende in der Klinik stets vor allem dem Aushilfspersonal begegnet bin, das dann Dienst hatte. Da gab es eine ganze Reihe junger, ehrgeiziger, kinderloser Psychologinnen, mit denen ich zu tun hatte. Und die haben alle Nein gesagt. Nein, das geht nicht mit der Schiffsreise. Nein, nein, nein. In der Klinik arbeiteten natürlich mehrere Ärzte, und immer hatte jemand anderes Dienst. Und durch Zufall geriet ich, als diese Psychologinnen offenbar gerade nicht im Dienst waren oder Urlaub hatten, an einen dunkelhäutigen, dunkelhaarigen Arzt. Der hat einfach gesehen, wie ich als Mama Jonas aus dem Zimmer abgeholt habe und wir gemeinsam zum Essen gegangen sind. Er hat gesagt, er werde ein gutes Wort für uns einlegen. Hinzu kam, dass die Mitarbeiterin vom Frankfurter Jugendamt der Klinik Druck gemacht hat: »Liebe Klinik, was ist denn jetzt, wie geht es mit Jonas weiter, wurde etwas entschieden?«

Ich habe letztlich auch irgendwann gepokert und beinhart gesagt: »Ich fahre.« Dem Jugendamt habe ich eine E-Mail geschrieben: »Die Schiffsreise ist nur ein Angebot. Ich schiebe mich da nicht in Vordergrund. Ich biete es lediglich an, Jonas mitzunehmen. Ich fahre. Ich bin unterwegs. Ich bin erreichbar und schreibe E-Mails über den Verlauf der Reise. Sie können mir gern Ihre Bedingungen nennen. Meine Bedingung lautet: Ich muss ins Ausland fahren dürfen.« Ich weiß nicht, ob Jonas' Vater etwas angeboten hat.

Jedenfalls war das die Situation. Und zum Schluss ging es dann hopplahopp. Plötzlich war besagter Arzt, in Vertretung eines anderen, für uns zuständig und hat ein Schreiben verfasst, in dem stand, dass die Klinik nicht direkt für die Schiffsreise sei, aber eben auch nicht dagegen. Und damit lag der Ball wieder in Frankfurt, beim Jugendamt beziehungsweise beim Gericht. Das dortige Gericht hat dann, letztlich mangels Alternativen, zugestimmt.

Ich war wahnsinnig froh. Mir war allerdings ganz wichtig, eine schriftliche Bestätigung dieser Zustimmung zu erhalten, um sie mitnehmen zu können auf die Reise. Ich wollte auf der sicheren Seite sein, nachweisen können, dass alle Parteien – vor allem das Gericht – mit der Schiffsreise einverstanden waren. Und als sich das dann noch verzögerte, wurde ich wirklich ungeduldig. Da habe ich dem Jugendamt dann schon ein bisschen Druck gemacht: »Also ich fahre jetzt nach Fehmarn, und in zwei Wochen reise ich ab. Bis dahin muss der schriftliche Beschluss da sein.« Und dann hieß es wieder: »Der zuständige Mitarbeiter ist nicht da. Das Schreiben von der Klinik ist noch nicht eingetroffen, der Richter ist im Urlaub.« Das war ein ziemlich nervenaufreibendes Finish, diese tausend Ausreden. Zwei Tage bevor ich nach Fehmarn losgefahren bin, hat das Frankfurter Gericht dann endlich den Beschluss geschickt mit dem entscheidenden Satz: »Der Straffällige Jonas Krafft darf und muss an dieser Schiffsreise teilnehmen.« Darf und muss. Zwei Tage vorher.

Erst ungefähr eine Woche vor dem geplanten Reisebeginn hatte ich Jonas von meinen Segelplänen erzählt. Ich hatte gesagt: »Es wäre total schön, wenn du mitkommen könntest. Pass auf, Jonas, wir sind ganz knapp dran. Ich habe sehr viel in die Wege geleitet, damit das klappt. Und sie würden dich wahrscheinlich lassen. Bitte reiß dich zusammen.« Und Jonas wollte. Er wollte sich zusammenreißen. Und er wollte mitkommen. Obwohl er damals vielleicht nicht ganz ermessen konnte, was es bedeutet, acht Wochen auf dem Segelboot zu sein. Ich weiß nicht, ob er sich das vorstellen konnte. Er war als Kind schon mal mit uns in Griechenland auf einem Schiff gewesen. Das fand er auch ganz lustig. Aber ob er sich daran noch so genau erinnerte, war mir nicht klar. Die Reiseroute war Jonas im Übrigen nicht wichtig. Ich hätte auch sagen können, wir fahren nach Hawaii oder nach Singapur, das wäre ihm einerlei gewesen. Aber er wollte mitkommen, es gab null Widerrede, null Widerstand. Ich hatte betont, dass es noch nicht sicher sei. Und er hat dann angefangen zu sagen, er brauche noch Klamotten für die See. Eine Jacke und so. Da habe ich gesagt, ja, klar, die kaufen wir noch. Das war nun wirklich meine geringste Sorge.

Jonas' Vater hatte ich natürlich auch über meinen Plan informiert. Er hatte keine Einwände. Wir machten aus, dass er sich in der Zeit, in der ich mit Jonas unterwegs sein würde, weiterhin um einen Folgeplatz bemühen und Jonas am Ende unserer Reise in Amsterdam abholen würde.

Jonas musste mit der Unsicherheit, ob das alles klappen würde, bis zum letzten Tag leben. Genau wie ich. Weil es zeitlich so knapp war. Und auch, weil es bis zuletzt nicht wirklich klar war, ob sein Vater ihn aus der Klinik abholt, wie er es eigentlich zugesagt hatte. Wir hatten das so vereinbart, weil der Klinikaufenthalt über seine Krankenkasse lief. Deshalb brauchte die Klinik die Unterschrift des Vaters, um Jonas aus der Klinik zu entlassen. Das hätte ich so gar nicht machen können. Abgemacht war, dass mein Ex-Mann mir Jonas direkt nach Fehmarn aufs Schiff bringt.

KAPITEL 22

Erholung

Das Wetter auf Borkum ist sonnig, im Hafen geht fast kein Wind. Langsam kriechen wir wieder hervor. Alle haben heute bis halb zehn geschlafen. Gut geschlafen. Zuallererst tuckern wir an einen Anlegeplatz mit elektrischem Strom. Wir räumen das Schiff auf und hängen die ganzen nassen Klamotten nach draußen zum Trocknen. Ich krame den Thermomix® hervor, um frisches Brot und Kuchen zu backen. Mein Vater kocht Tee. Der Reihe nach duschen wir heiß und frühstücken dann ausgiebig. Wetter, Wind und Meer haben sich beruhigt. Die Kinder pumpen das Beiboot auf und fahren damit im Hafenbecken umher.

Gegen Mittag ziehen wir das Segel noch mal hoch und legen es schön zusammen. Wir spritzen das ganze Schiff mit dem Wasserschlauch ab und säubern alles, besonders den Cockpitboden. Niemand ist mehr seekrank. Zum Glück. Es ist frappierend, wie die Übelkeit sofort aufhört, sobald es nicht mehr schaukelt.

Später unterhalte ich mich mit dem Kapitän der Alfried Krupp. Er sagt, dass schon viele Schiffe auf dem Riff gesunken sind. Dass sie uns beobachtet und sich gedacht haben, uns abzuholen würde uns helfen. Und dass sie überlegt haben, ob sie uns anhängen sollten, also abschleppen, weil sie nicht sicher waren, ob wir es packen würden, bei der starken Strömung sicher in den Hafen zu kommen. Er hatte in der Nacht über Funk gefragt, ob unsere Maschine zuverlässig läuft, also ob der Motor funktioniert und stark genug ist. Wenn vor den Riffen und Sänden der Motor ausfällt, hat man nämlich ein echtes Problem. So hat es wohl schon viele Schiffe »auf die Sände« gesetzt. Direkt neben und hinter der Hafeneinfahrt an der Fischerbalje beginnt nämlich das Wattenmeer. Und dass sie sich gestern Nacht gesorgt haben, weil wir alle so seekrank und grün im Gesicht waren. Der Kapitän ist sehr nett und lädt uns ein, morgen auf die Alfried Krupp zu kommen, dann wird er uns seinen SAR-Seenotkreuzer zeigen.

Wir spazieren bei ablaufendem Wasser zum Watt. Weite Flächen Sand und Schlick, wo bei Flut das Meer ist. Vincent und Max ziehen gleich die Schuhe aus und rennen in den flachen Schlick. Wir sehen einen Krebs, einige Muscheln und unzählige Wattwurmhäufchen. Eigentlich wollen wir eine geführte Wattwanderung machen, aber die sind alle ausgebucht. So sehen wir uns das Wattenmeer auf eigene Faust an, laufen aber nicht so weit raus, dass wir bei Flut nicht mehr zurückkönnten. Ich habe großen Respekt vor der Nordsee, seit gestern noch mehr.

Die Kaimana ist jetzt wieder ein schönes Zuhause. Sauber, trocken und aufgeräumt. Wir machen einen großen Kartoffel-Auflauf und lassen es uns im Cockpit gut gehen. Max liest in der Hängematte Comics. Die anderen sonnen sich oder fahren mit dem Beiboot auf und ab. Alles wieder okay auf der Kaimana.

Es war schon etwas dramatisch letzte Nacht. Zum Glück gibt es die Seenotrettung. Und zum Glück war das niederländische Pilot-Boot im richtigen Moment da, sodass wir ihm zur Alfried Krupp folgen konnten. Einen Schutzengel hatten wir wohl auch.

Ich will ja aus solchen Situationen immer etwas lernen. Deshalb habe ich per Funk mit Jörn gesprochen, was denn bei dieser Etappe mein Fehler war. Und ich lerne: Ich hätte erstens besseres Wetter abwarten sollen. Ich hätte wissen müssen, dass die Wetter- und Windvorhersage auf der Nordsee nie ganz hundertprozentig verlässlich ist. Man hätte für einen solchen Törn, der 18 Stunden dauert, ein stabiles Wetterfenster von drei Tagen abwarten müssen. Ok, das weiß ich dann jetzt. Zweitens fährt man nicht in der Nacht in einen Hafen, den man nicht kennt. Da bleibt man lieber draußen, selbst wenn man dann weitere acht Stunden kotzend und heulend im Sturm hängt, Insel und Hafen vor der Nase. Und drittens, das hätte ich schon ahnen können, war es keine so gute Idee, die neue, unerfahrene Crew auf Helgoland an Bord zu nehmen und gleich auf diese Riesen-Nordseewellen rauszulassen. Es war absehbar, dass das nicht ideal ist. Es ist gut gegangen, aber das würde ich so nicht wieder machen.

Der nächste Tag auf Borkum ist sonnig, aber wieder windig, es drückt uns im Hafen an den Steg, doch wir sind gut abgefendert und angebunden. Ich bin in der Nacht zweimal aufgestanden, um die Leinen zu kontrollieren. Wir frühstücken unten, weil es oben zu windig und kalt ist. Im Salon ist es aber auch gemütlich. Obwohl wir so viele sind, können alle bequem am Tisch sitzen. Später fahren wir mit dem Bus ins Zentrum von Borkum und wandern dort durch die Dünen. Da gerade Ebbe ist, ist das Meer ganz weit weg. Überall Sand. Von den Dünen hat man einen ganz guten Überblick über die Insel. Zurück Richtung Nordstrand haben wir Strandsurfer beobachtet, die mit gokartähnlichen Gefährten und einem Surfsegel über den weiten Strand heizen.

Vom Nordstrand wandern wir bis zum Meer. Für mich sind Dünen und Watt eine ganz neue Landschaft. Ich laufe barfuß über den feinen Sand und patsche durch das seichte Wasser. Auf einer Sandbank in der Nähe liegen viele fette Seehunde. Je näher wir Richtung Borkumer Zentrum kommen, umso voller wird es am Strand: Strandkörbe, Wind-Iglu-Zelte und Touristen. Die Kinder hüpfen zehn Minuten auf einem Trampolin und machen Saltos – jetzt ist niemand mehr seekrank. Dann spazieren wir in die Stadt, essen erst ein Eis und picknicken dann mit Obst auf einer Bank. Im Windschatten ist es sommerlich warm.

Später fahren wir mit dem Bus zurück. Die Kinder drehen noch mal eine Runde mit dem Schlauchboot. Als ich mich – beim Müll – mit einer netten niederländischen Familie unterhalte, kommt der Kapitän des SAR-Schiffes vorbei und sagt, wenn wir Lust haben, könnten wir jetzt das Schiff besichtigen. Er zeigt uns den Rettungskreuzer. Alle sind dabei. Jonas, Vincent und Max fragen dem Kapitän Löcher in den Bauch. Er erzählt von Notfällen, Einsätzen, Winterstürmen und allerhand technischen Details. Auf der Alfried Krupp gibt es neben starken Scheinwerfern sogar einen Wasserwerfer für brennende Schiffe, dazu dicke Abschleppleinen und ein kleineres Rettungsboot auf einer Rampe. Es ist wirklich spannend. Alle finden das sehr cool. Und Jonas möchte jetzt gern Rettungsschiff-Kapitän werden. Das rührt mich.

Nach dem Abendessen binden wir das Beiboot fest und verstauen alles andere gut. Ich checke die Positionslichter und das Rigg. Die grüne Lampe vorne geht nicht mehr, denn die Fassung ist komplett durchgerostet, und das ständige Unterwasserleuchten von vorgestern hat ihr wohl den Rest gegeben. Ich baue die Birne aus, wobei die Fassung abfällt, und ersetze sie durch eine neue. Jetzt leuchten wir rechts wieder vorschriftsmäßig grün.

Was mir in den letzten zwei ruhigen Hafentagen aufgefallen ist: Jonas verhält sich nicht unbedingt gentlemanlike Caro gegenüber. Er kann ganz schön ruppig sein. Wenn sie ihn während des Frühstücks etwas fragt, blafft er sie manchmal regelrecht an und schmiert ihr dabei noch die Klamotten mit Nutella voll. Oder es kann sein, dass er ihr das Essen wegfuttert, das sie sich gerade gemacht hat. Denn er hat ja jetzt Hunger. Ich sage nichts dazu, aber ich denke mir meinen Teil. Wenn Peter sich so verhalten würde, würde ich ihm was husten. Aber Caro nimmt das so hin. Manchmal streiten sich die beiden wie aus dem Nichts heraus recht heftig. Dann versöhnen sie sich aber auch ganz schnell wieder. Na ja, es sind halt Teenies.

Und Caro verlegt ständig ihr Zeug. Dauernd sucht sie etwas. Ihren Lippenstift zum Beispiel. Ein bisschen eng ist es jetzt ja schon an Bord, mit den vielen Leuten und dem vielen Gepäck. Da wäre ein wenig Ordnung eigentlich hilfreich. Aber gut, das ist ihre Sache. Caro und Jonas schlafen in der vollgestopften Bugkabine, wo unten auch die Segel lagern müssen. Dazu Caros Koffer, ihre Klamotten und die Schlafsäcke. Es passen schon zwei Leute rein, aber so richtig viel Platz ist nicht. Und sie wollen ja kuschelig zu zweit sein. Da geht es von der Aufteilung her nicht anders: Mein Vater logiert in der Mitte, Max, Vincent und ich hinten im Heck.

Für morgen sind leichte Winde aus Süden mit bis zu 10 Knoten angesagt. Hoffentlich stimmt das diesmal. Wir wollen weitersegeln zum Lauwersmeer. Die Route über die Emsmündung – quer durch die Niederlande über die Kanäle – können wir nicht nehmen, weil wir 1,67 Meter Tiefgang haben. Das ist zu viel für einige der Kanäle dort. Deshalb müssen wir noch einmal raus auf die Nordsee und um die niederländische Insel Schiermonnikoog herumsegeln. Ab dort nehmen wir die Staande Mastroute, die Route für Schiffe mit stehendem Mast. Wir haben also morgen 40 Meilen vor uns. Wegen der Gezeiten wollen wir in Borkum kurz nach dem Hochwasser losfahren und bei Schiermonnikoog wieder reingespült werden, also erst nach dortigem Niedrigwasser an der Barre sein. Das heißt, wir werden um fünf Uhr aufstehen, Caro wird sofort eine Ladung Tabletten nehmen, die dann eine Stunde Zeit haben, zu wirken. Um sechs Uhr früh wollen wir ablegen. Hoffen wir das Beste.

KAPITEL 23

Hindernisse

Die Abmachung war, dass mein Ex-Mann Jonas in der Klinik abholt und ihn mir direkt aufs Schiff nach Fehmarn bringt. Knapp zwei Wochen vor Reisebeginn war ich mit dem vollgepackten Auto nach Fehmarn gefahren, wo sich die Kaimana im Winterlager befand. Dort habe ich im Auto gehaust und das Boot reisefertig gemacht. Also die Elektronik gecheckt, eingekauft, gepackt und vieles mehr. Das war Arbeit ohne Pause. Ich musste ja fertig werden. Da hatte ich keinen Zeitpuffer. Es galt, Essensvorräte und Gepäck für zwei Monate einzuladen. Sieben Mal bin ich zum Supermarkt gefahren und habe all die Sachen aus dem vollgepackten Auto alleine in die Bootshalle getragen.

Vincent und Max hatten zum Glück noch eine Woche Schule und dann Sportwoche beziehungsweise Geigencamp. Mein Vater hat sich netterweise um die beiden gekümmert, während ich auf Fehmarn war. Vincent hatte gerade seinen Moped-Führerschein gemacht, war deshalb unabhängig und musste nicht ständig durch die Gegend kutschiert werden. Am Ende des Schuljahres stehen ja auch die Noten fest, deshalb wusste ich, ich kann das machen. Trotzdem war natürlich zeitlich alles bis ins Kleinste durchgeplant. Ich habe auf dem Schiff alles so vorbereitet, dass wir sofort losfahren können. Und habe erwartet, dass mein Ex-Mann mir Jonas – wie verabredet – bringt.

Nachdem die Kaimana reisefertig war, musste ich das Auto noch einmal nach Österreich zurückfahren. Peter wiederum war bereit, am Ende unseres Segeltörns mit dem Auto nach Amsterdam zu kommen, damit wir alle mit unserem ganzen Gepäck wieder nach Hause fahren konnten. Das war also ohnehin alles eine ausgeklügelte Logistik. Peter musste auch noch bis zum Schulferienbeginn arbeiten. Wir hatten den nächtlichen Fernbus bis Hamburg und den anschließenden Zug nach Fehmarn bereits gebucht. Die Idee war, nur mit einem Täschchen von zu Hause loszufahren. Ich hatte ja schon alles auf dem Boot.

Und dann hat mein Ex-Mann im letzten Moment gesagt, er könne Jonas doch nicht abholen, er sei nicht da, er sei im Ausland. Und – zack – war er plötzlich nicht mehr zu erreichen. Da saß ich dann auf Fehmarn und dachte, was mache ich denn jetzt? Na super, jetzt muss ich also doch erst zur Klinik an der Schweizer Grenze fahren, Jonas da abholen, dann quer durch die Schweiz in unser Dorf und von dort aus wieder nach Fehmarn fahren.

Auf dem Rückweg mit dem Auto von Fehmarn nach Hause habe ich dann immer wieder bei Jonas nachgefragt: Hat sich der Papa bei dir gemeldet? Und auch bei meinem Vater: Habt ihr irgendetwas gehört? Nein, hieß es jeweils, nein. Auf der Autobahn bei München war ich schon am Überlegen, ob ich einfach in Richtung Klinik abbiegen soll, weil ja alles zeitlich so knapp war, als plötzlich Jonas anrief, sein Vater habe ihm gerade eine SMS geschrieben: Er käme nun doch und holte ihn aus der Klinik ab. Ich nehme an, mein Ex-Mann hatte Sorge, dass ich die Entlassungspapiere nicht unterschreiben könne, da ich ja nicht Versicherungsnehmerin bin, und er weiter zahlen müsse, wenn Jonas nicht korrekt entlassen worden wäre. Denn die Krankenkasse hatte ja mehrfach gesagt, sie zahle nicht mehr. Wie auch immer, schließlich hat mein Ex-Mann Jonas in der Klinik abgeholt und sämtlichen Papierkram unterschrieben.

Ich war dann wirklich nur ein paar Stunden zu Hause, ziemlich fix und fertig mit allem. Am Nachmittag habe ich drei Stunden lang geschlafen. Dann mussten wir auch schon wieder los, zum Nachtfernbus. Gott sei Dank brauche ich nicht viel Schlaf. Doch plötzlich hörte ich von Jonas' Vater, er bringt Jonas gar nicht nach Fehmarn, sondern wir sollen ihn in Frankfurt abholen. Sofort habe ich vor meinem inneren Auge sämtliche Gefahren gesehen, die dem frisch entlassenen Jonas in der Stadt drohen könnten. Das erste, was er sich dort besorgen könnte, wären ja wieder Drogen: Er kennt bestimmt jede Menge Leute, die ihm dabei helfen, dachte ich. Wenn es nach mir gegangen wäre, hätte ich Jonas keine Sekunde lang nach Frankfurt gelassen. Aber so war es eben nicht. Zum Glück konnten wir den Fernbus Richtung Hamburg ganz kurzfristig noch so umbuchen, dass wir frühmorgens zwei Stunden Aufenthalt in Frankfurt haben würden. Und so haben wir uns noch auf der Reise darauf eingestellt, Jonas an der Frankfurter Fernbusstation in Empfang zu nehmen.

Zur verabredeten Zeit trafen wir dort allerdings lediglich auf Jonas' Vater. Er hatte die Liste der Medikamente aus der Klinik dabei, die Jonas erhalten sollte. Die Ration für eine Woche hatte er bereits in der Apotheke besorgt. Eigentlich war abgemacht, dass er die Medikamente für vier Wochen besorgt. Nicht für eine. Weil ich ja nicht wusste, ob ich überall auf unserer Reise, vor allem im Ausland, eine Apotheke finden würde, die uns mit deutschen Rezepten die entsprechenden Medikamente verkauft. Er übergab mir die Medikamententasche sowie einen ganzen Packen Rezepte. Viel wichtiger war mir in diesem Augenblick aber etwas anderes:

»Wo ist Jonas?«, fragte ich seinen Vater.

»Der kommt gleich«, erwiderte er, »der holt sich noch einen Döner.«

In diesem Moment überfiel mich die blanke Panik. Ich war jetzt so weit gekommen. Ich hatte mein Bootsprojekt vor der Klinik und vor dem Jugendamt durchgefochten, die Kaimana stand abfahrbereit in Fehmarn, ich hatte meinen Lebensgefährten Peter überzeugt, mitzukommen – und jetzt drohte es wieder, schief zu gehen. Weil Jonas nicht da war. Sich irgendwo in der Stadt herumtrieb. Mir ist im wahrsten Sinne des Wortes die Kraft aus dem Gesicht gefallen. Ich bin ganz bleich geworden. Ich habe mich nicht aufgeregt, habe nicht geheult. Aber ich war einfach so enttäuscht. Der ganze Schwung war mir aus den Segeln genommen. Ich habe Jonas' Vater gefragt:

»Wann kommt Jonas? Und warum lässt du ihn alleine hier herumlaufen?«

»Ja, reg dich nicht so auf, der wird schon kommen«, lautete seine Antwort. Die geplante Abfahrt unseres Busses rückte näher. Ich habe zu Peter gesagt:

»Ohne Jonas fahren wir hier nicht weg. Dann suchen wir ihn eben hier in Frankfurt.«

Peter hatte sich unseren Start in diesen Segelsommer etwas anders vorgestellt. Er ist sonst nicht so wahnsinnig viel unterwegs und deshalb auch nicht ganz so flexibel. Es macht ihn schnell nervös, wenn er nicht weiß, wie es weitergeht. Wir hatten ja auch bereits die nächtliche Fahrt im Bus hinter uns. Und wir hatten nichts zum Wechseln dabei, alle unsere Sachen befanden sich ja schon auf dem Schiff. Peter hatte sich darauf eingestellt, dass es jetzt schnell weitergeht. Er war ziemlich verärgert. Ich habe gespürt, er musste sich schwer zusammenreißen, um Jonas' Vater nicht zu Rede zu stellen. Ich rechne es ihm hoch an, dass er die Ruhe bewahrt hat. Ich weiß, dass das nicht einfach für ihn war.

Ein paar Minuten bevor unser Bus fahren sollte, kam dann Caro, Jonas' Freundin, um die Ecke. Da habe ich Hoffnung geschöpft. Ich habe gedacht, vielleicht ist Jonas nicht weit. Ich bin dann gleich zu ihr hingegangen und habe sie begrüßt:

»Hey, Caro, hallo. Schön dich zu sehen. Wo ist denn Jonas?«

»Ja, der kommt gleich.«

»Na gut, okay.«

Sie sah ganz verheult aus. Und dann tauchte endlich Jonas auf. Ganz schwarz angezogen. Leichenblass. Und er roch sehr streng, nach allem Möglichen. Ich war so froh, ihn zu sehen. Es waren erst weniger als 24 Stunden vergangen, seit sein Vater ihn abgeholt hatte. Ich habe mich gefragt, wie er es in der kurzen Zeit geschafft hatte, so zu verwahrlosen. Und habe bei mir gedacht, okay, der muss sich demnächst erst mal waschen.

Caro hat heftig geweint beim Abschied. Sie haben zu dem Zeitpunkt bereits abgemacht, dass sie nachkommt.

Dann saßen wir endlich mit Jonas im Bus nach Hamburg. Er war müde, käseweiß im Gesicht, und ihm war schlecht. Er hatte keinen Appetit. Natürlich hatte ich etwas zu Essen und zu Trinken dabei, aber er hat erst mal geschlafen. Irgendwann zwischendrin ist er aufgewacht, hat eine Tupperdose genommen und gesagt: »Nein, das will ich nicht essen«, und dann deren Inhalt trotzdem in einem Rutsch vertilgt. In Hamburg mussten wir erneut in einen anderen Bus umsteigen. Wegen einer Großbaustelle war der ZOB vorübergehend verlegt worden, wir mussten zu einer anderen Haltestelle laufen. Peter war sich sicher, dass wir den Anschluss-Bus verpassen, dass das nicht klappt. Seine Stimmung war auf dem Nullpunkt. Bei heißen Sommertemperaturen sind wir zu dritt zu einem nicht-asphaltierten Dreckplatz marschiert. Es war ein ziemliches Chaos, es gab weder Durchsagen noch Anzeigetafeln, nichts – Weltuntergangsstimmung bei Peter. Aber schließlich haben wir den nochmaligen Umstieg in den Fernbus doch noch geschafft, und es ging Richtung Ostsee.

KAPITEL 24

Durch die Kanäle

Einmal müssen wir mit der Kaimana noch raus auf die Nordsee, um in die niederländischen Kanäle und damit in ruhigeres Fahrwasser zu gelangen. Es ist leicht bewölkt, teilweise sonnig, ab und zu gehen Schauer nieder. Der Wind von 3 bis 4 Beaufort kommt aus südlichen Richtungen. Das ist gut für uns, denn wenn der Wind über Land weht, können sich auf See nicht so hohe Wellen aufbauen. Kurz vor Sonnenaufgang um sechs Uhr legen wir ab, damit wir bei Hochwasser und mit auslaufendem Wasser aufs Meer gespült werden. Das funktioniert super. Genau in der Rinne auf Vor-Wind-Kurs fahren wir mit vollen Segeln und der Strömung – mit über 6 Knoten auf dem Jetstream. Allerdings muss ich selbst bei Tageslicht ganz genau navigieren, um von Borkum aus an den Untiefen und Riffen vorbei aufs Meer zu fahren.

Draußen auf der Nordsee sind nur ein paar große, breite Dünungswellen, sonst ist alles ruhig. Der Windpilot steuert uns mit 7 Knoten entlang der niederländischen Insel Schiermonnikoog nach Westen. Genau nach Plan sind wir um elf Uhr bei der Barre, die gut betonnt ist. Mit kräftiger Strömung, jetzt nach Süden, werden wir Richtung Lauwersoog gesaugt. Um zehn Uhr war in Lauwersoog Niedrigwasser. Danach steigt das Wasser dort und holt sich Nachschub aus der Nordsee, was ein paar Stunden lang zu kräftiger Strömung landeinwärts führt. Das Timing ist entscheidend.

Es ist allerdings ein komisches Gefühl, mit fast 8 Knoten über eine Barre mit gerade mal knapp über drei Meter Wassertiefe Richtung Land gespült zu werden. Rechts und links sehen wir überall Sandbänke, teilweise mit Seehunden drauf. Neben der Fahrrinne ist das Wasser oft nur wenige Zentimeter tief, und die Wellen brechen mit lautem Getöse. Das Wasser hat dort auch eine ganz andere Farbe. Jedenfalls muss man genau auf der Spur bleiben, was bei wenig Wind und wenig Wellen gut machbar ist. Caro hat um fünf Uhr morgens die Tabletten genommen, und ihr ist diesmal zum Glück überhaupt nicht schlecht. Keine Wellen, keine Seekrankheit. Es scheint, als wolle sich die Nordsee mit uns versöhnen, sie zeigt sich von ihrer besten Seite.

In Lauwersoog fahren wir in die Schleuse und segeln dann nur mit Vorsegel über das idyllische Lauwersmeer, einen eingedeichten großen Binnensee. Ab hier gibt es keine Gezeiten und keine Wellen mehr. Nach der Schleuse legen wir kurz an und machen Pause. Max fängt mit der Hilfe und der Angel eines freundlichen Niederländers drei Fische, die er aber gleich wieder in die Freiheit entlässt. Wir falten das Großsegel und räumen die Leinen auf.

Max, Vincent, Jonas und Caro bilden, seit sie zusammen an Bord sind, eine Einheit. Es ist ein bisschen so, als ob ich mit

Caro plötzlich ein viertes Kind hätte. Alle vier sind eigentlich dauernd als Gruppe unterwegs. Okay, so viel Platz haben wir auf der Kaimana ja gar nicht. Aber es ist eben auch nicht so, dass Jonas und Caro sich als Pärchen besonders separieren würden oder dauernd romantisch zu zweit sein wollen. Eher im Gegenteil. Jonas, Vincent und Max sind ständig auf einem Haufen. Jonas macht es Spaß, seinen kleinen und leichten Bruder Max auf den Schultern zu tragen oder sich mit Vincent zu knuffen und zu boxen. Offenbar haben ihm seine Brüder in Frankfurt doch ziemlich gefehlt. Manchmal habe ich fast den Eindruck, dass Caro gar nicht so richtig an Jonas rankommt, weil er immer einen seiner Brüder oder sogar beide im Arm hat. Auch wenn sie im Beiboot unterwegs sind. Da muss Caro eher gucken, dass sie ihre Schwimmweste schnell findet und rechtzeitig einsteigt, sonst fahren die Brüder ohne sie los. Für mich ist diese Gruppenbildung total praktisch, ich kann gut Ansagen an alle machen:

»Kinder – es gibt jetzt Essen. Kinder – wenn ihr im Beiboot seid, müsst ihr alle eure Schwimmwesten anhaben. Kinder – bei Dunkelheit will ich, dass ihr wieder da seid, und zwar alle.«

Das klappt ziemlich gut. Jonas nimmt Caros Gegenwart allerdings recht selbstverständlich hin, wie ich finde. Innerlich freut er sich bestimmt, dass sie mit an Bord ist. Aber ich beobachte eher nicht, dass Jonas sich auch mal ein bisschen um sie bemüht. Er ist, wie er ist. Und damit kommt sie klar. Ab und zu flippt sie zwar aus und beschimpft ihn, dann sagt er aber Entschuldigung, und sie beruhigt sich. Spätestens am Abend vertragen sie sich dann wieder. Ich streite mich mit Peter ja wirklich selten, deshalb ist mir das eher fremd. Aber die beiden nehmen das mit dem Streiten ganz cool. Vincent ist der Einzige, den das ab und zu nervt.

Die nächsten Tage geht es unter Motor über die Staande Mastroute quer durch die Niederlande. Wir biegen in das enge, nicht sehr tiefe Dokkumer Grootdiep ein. Jetzt ist alles ein bisschen lockerer auf der Kaimana: Ich hebe die Schwimmwestenpflicht an Deck auf, Dosen dürfen herumstehen, Kram darf liegen bleiben. Max angelt oder liest Comics, die Hängematte hängt über dem Vorschiff, und alle entspannen sich, da wir Seegang und Wellen hinter uns gelassen haben. Leider auch die Segelei, aber die fehlt hauptsächlich mir. Die neue Herausforderung lautet: Ist es hier tief genug?

Es ist cool, mit dem Segelboot, das gerade noch wilden Nordseestürmen getrotzt hat, durch enge gewundene Kanäle, vorbei an Feldern und Städtchen, zu gondeln. Nach mehreren Schleusen und Brücken, die sich allesamt wie von Geisterhand öffnen, wenn ein Schiff kommt – denn sie sind kameraüberwacht und zentral gesteuert –, machen wir am Abend an einem der Ufer fest, und die Kinder aktivieren das Beiboot. Vincent springt ins brackige Kanalwasser und macht sogar ein paar Saltos.

Ich habe letzte Nacht sehr gut geschlafen. Bis fast neun Uhr. Hier ist es unglaublich ruhig. Kein Verkehr, keine vorbeifahrenden Schiffe, nicht die kleinste Welle, nur Wiesen um uns herum, kein Wind, kein Regen. Wir befinden uns mitten in der idyllischen niederländischen Pampa: der Kanal, schilfbestandene Ufer, vereinzelt ein paar Bäume und Kühe. Mehr nicht.

Langsam schippern wir weiter, total entspannt. Immer dem Kanal nach. Ich muss mich nur daran gewöhnen, lediglich zehn Zentimeter Wasser unter dem Kiel zu haben. Eigentlich ist es locker, man muss nur stets in der Mitte der Fahrrinne bleiben. Die Kinder steuern abwechselnd. Die Sonne scheint, sehr angenehm.

Da wir gerade durch Friesland fahren, setzen wir die friesische Flagge auf der Freundschaftsseite links am Mast. Wir passieren Dokkum und fahren auf dem engen flussähnlichen Kanal, dem Dokkumer Ee, bis zum kleinen Städtchen Birdaard. Hier befinden sich zwei Brücken in kurzem Abstand hintereinander. An der ersten Brücke lässt der Brückenwächter einen Holzschuh an einer Angel herunter, damit man das Brückengeld von 3,50 Euro reinwerfen kann. Wir müssen warten, bis der Brückenwächter die erste Brücke wieder geschlossen hat und per Fahrrad zur nächsten Brücke gefahren ist und diese geöffnet hat. Das dauert seine Zeit. Sehr beschaulich.

Als die zweite Brücke offen ist und es weitergehen soll, lässt sich unser Motor nicht starten. Ich überprüfe die Kabel, den Ölstand und die Kühlwasserflüssigkeit. Alles okay. Ich krame die Betriebsanleitung heraus und prüfe die Sicherungen. An denen liegt es auch nicht. In der Anleitung steht: Glühkerzen prüfen und gegebenenfalls austauschen. Ich weiß nicht mal, wie Glühkerzen aussehen. Eine kurze Recherche im Internet – zufällig haben wir gerade WLAN – ergibt, dass Dieselmotoren anscheinend gar keine Glühkerzen haben. Ich bin ratlos. Mein Vater ebenfalls. Weitere Startversuche ergeben immer das gleiche. Es zündet nicht. Was tun? Segel setzen können wir ohne Wind auch nicht. Und ohne funktionierenden Motor können wir nicht fahren. Die Teenies schauen konsterniert drein und wissen auch nicht weiter. Mein Vater holt schließlich Hilfe bei einer Autowerkstatt in der Nähe. Ein nur niederländisch sprechender Mechaniker quetscht sich ins Boot und in den Motorraum und hat nach zwei Minuten die Lösung: Beim letzten Motorausschalten per Hebel, den man an der Steuersäule hochziehen muss, hat wer auch immer diesen Hebel nicht wieder ganz runtergedrückt. So war eine wichtige Verbindung unterbrochen, und der Motor konnte nicht starten. Der Mechaniker drückt den Hebel rein, und der Motor schnurrt wieder! Er lacht sich mit uns zusammen kaputt und freut sich, dass wir uns so freuen. Mit einem »Merci« geht er lächelnd wieder in seine Werkstatt. So ein freundlicher Mensch. Mein Vater schenkt sich ein Glas Wein ein und stellt fest, dass er eigentlich auch mal etwas weniger Aufregung vertragen könnte.

Weiter tuckern wir den Kanal entlang, vorbei an gepflegten Gärten mit Bänkchen, von denen aus uns freundliche Friesen zuwinken. Hängemattenzeit auf der Kaimana. Bei Sonne und warmen Temperaturen.

Jonas ist mittlerweile derjenige, der sich von den Kindern am meisten an der Bootsführung beteiligt. Er steht auf, wenn es losgeht, auch wenn es fünf Uhr morgens ist. Er legt sich dann zwar wieder hin, ist aber beim Ablegen immer dabei. Inzwischen beherrscht er die wichtigsten Knoten. Und ab Dokkum steuert fast immer er die Kaimana. Ich freue mich, zu sehen, wie er immer selbstverständlicher an den Aufgaben und Routinen an Bord beteiligt ist. Außerdem versucht er tatsächlich, sich das Rauchen abzugewöhnen. Zurzeit ist er bei einer Zigarette pro Tag. Die Nikotin-Kaugummis, die wir auf Helgoland gekauft haben, wirken allerdings überhaupt nicht. Deshalb versucht er, einfach keine Zigaretten mehr zu rauchen, und das gelingt ihm bisher ganz gut. Mal sehen, ob das von Dauer ist.

Leider ist das Wetter bei unserer Fahrt durch die Kanäle ab Leeuwarden eher regnerisch, grau in grau. Wenigstens ist es nicht besonders kalt. Aber die Crew kann sich ja auch während der Fahrt drinnen aufhalten: frühstücken, lesen, Musik hören, chillen. Mit der Seekarte auf dem iPad und einem niederländischen Staande-Mastrouten-Heft schlängeln wir uns auf dem richtigen Weg durch, ein paarmal müssen wir scharf ab- und in einen anderen Kanal einbiegen. Schnell halten wir noch bei einem Supermarkt am Ufer, der einen Wasserparkplatz hat. Festbinden, einkaufen, losbinden, weiterfahren. Das ist einfacher als mit dem Auto. Jonas und ich wechseln uns beim Steuern im Regen ab, die anderen machen es sich unter Deck gemütlich. Das Drei-Fragezeichen-Hörspiel wird zum Glück oben vom laufenden Motor übertönt. Nach einer kurzen Strecke auf dem drei Meter tiefen Van Harinxmakanaal biegen wir ab in einen schmalen, sehr flachen Kanal, bis zum Seglerstädtchen Grouw. Hier machen wir – immer noch bei Regen – am Außensteg des Hafens fest. Auf dem Schiff koche ich Chicken Curry.

Vielleicht ist das keine spektakuläre Erkenntnis, aber ich merke, dass es gar keinen so großen Unterschied macht, ob ich den Familienalltag auf dem Boot manage oder in unserem

Bergdorf. Einiges ist auf dem Boot natürlich schwieriger, so ist die Küche an Bord viel kleiner als zu Hause, das macht sich bei sechs Leuten schon bemerkbar. Außerdem gibt es an Bord keine Waschmaschine. Aber sonst sind, gerade mit den Teenies, sehr viele Dinge, mehr als man denkt, viel einfacher an Bord als zu Hause. Es gibt meist kein WLAN. Das heißt, sämtliche Diskussionen über Internetnutzung fallen schlicht und einfach weg. Und zu essen gibt es eben nur das, was wir mitgenommen haben. Also das große Gezeter, das es zu Hause schon manchmal gibt, ich will jetzt unbedingt eine Fertigpizza, das ist auf dem Boot völlig sinnlos. Außerdem stärkt das Leben auf dem Boot die Eigeninitiative: Am Anfang fragen alle, von Max über den coolen Vincent bis hin zu Jonas und Caro immer wieder:

»Wann sind wir endlich da?«

Da antworte ich stets: »Ich weiß es nicht. Keine Ahnung. Frag Neptun oder Rasmus. Wir sind da, wenn wir da sind.«

Und dann schauen sie mich, ihren Captain, mit großen Augen an. Oder es kommt die Frage:

»Wo fahren wir denn eigentlich hin?«

Auch da lautet meine Antwort ähnlich: »Weiß ich nicht, mal sehen.«

»Was machen wir morgen?«

»Weiß ich nicht, mal gucken.«

Und wenn das dann eine Zeit lang so läuft, dann ist es so ähnlich, als ob man ihnen das Handy weggenommen hätte. Im ersten Moment laufen sie blau und grün an, und die Welt geht unter, im zweiten Moment schnappen sie immer noch nach Luft – ich bin jetzt offline, das geht doch nicht –, und im dritten Moment wissen sie nichts mit sich anzufangen und sagen: »Mir ist so langweilig!« Aber danach, da geht es dann los. Dann sind sie im Hier und Jetzt. Und das passiert relativ schnell. Dann schauen sie sich an Bord um, heben den Blick und spüren den Wind. Plötzlich ist der Stress weg. Und sie merken, sie können ja auch mitentscheiden über das, was an Bord geschieht. Ich sage dann:

»Wir können uns überlegen, wo wir genau entlangfahren wollen. Wie weit schaffen wir es? Was meint ihr? Und was wollen wir essen? Auf was habt ihr denn Lust? Guckt, das gibt es an Bord, einigt euch, was sollen wir machen?«

Und daraus entwickelt sich dann eine Eigendynamik – das ist genau der Punkt, an dem es anfängt, richtig cool zu werden. Wenn man mit dem Zelt unterwegs ist, ist es ähnlich: Die Beschränkung der äußeren Mittel führt dazu, dass Kreativität freigesetzt wird. Dann stellen sie fest, dass sie ja allein Chili con Carne kochen können. Oder sie versuchen, einen Fisch zu fangen. Ob das dann klappt oder nicht, darauf kommt es gar nicht so sehr an. Es geht ums Ausprobieren, auch in segeltechnischer Hinsicht. Und plötzlich interessiert sich eben auch Jonas dafür und fragt, okay, wie funktioniert hier was? Was kann ich tun? Zeig doch mal!

Wir fahren über das seeähnliche Pikmar auf dem Prinses Margrietkanaal Richtung Sneekermeer. Hier ist das Wasser vier Meter tief, und das Echolot hört endlich mal auf zu blinken. Vor einer engen offen stehenden Schleuse überholt uns ein relativ großes Frachtschiff, wir fahren hinterher, und ein weiteres Monsterfrachtschiff ist uns dicht auf den Fersen. Gegen den Wind und bei leichter Strömung fahren wir mit Vollgas 5 bis 6 Knoten. Der Pott hinter uns hat jedoch fast

15 Knoten drauf. Noch gerade eben so können wir vor seiner Bugwelle in die Schleuse und dann zur Seite hechten, um ihm Platz zu machen. Der Frachter passt ganz knapp durch die Schleuse, links und rechts ist höchstens noch einen Meter Platz. In einem Kanal von hinten über den Haufen gefahren zu werden, hat mir gerade noch gefehlt. Die Niederländer sind bei solchen engen und schnellen Manövern allerdings tiefenentspannt. Das ist hier *business as usual.*

Das Sneekermeer überqueren wir auf der tiefen Rinne und machen am südwestlichen Ende an einer kleinen Insel, dem Kolmeersland, auch Starteiland genannt, an alten Holzpfählen fest. Vincent macht schnell den Kite klar und dreht, begleitet von Jonas im Dingi, am Abend einige Runden auf dem Sneekermeer. Bis die Wasserschutzpolizei die beiden zu uns zurückbringt. Kiten ist hier offenbar gar nicht erlaubt, was ich allerdings nicht wusste. Ein bisschen halte ich den Atem an und denke schlagartig daran, dass Jonas das letzte Mal Kontakt mit der Polizei hatte, als er in Frankfurt völlig zugekifft sowohl die Polizisten als auch seinen Vater wüst beschimpfte. Aber Jonas bleibt ganz cool. Und ich versuche, mir nichts anmerken zu lassen. Ich entschuldige mich bei den freundlichen niederländischen Beamten. Sie nicken kurz und fahren wieder ab. Immer wenn ich mir – so wie eben – wieder vergegenwärtige, was für schwierige Jahre Jonas erst seit Kurzem hinter sich hat, atme ich einmal tief durch und bin dann sehr dankbar, dass es gerade so gut läuft.

Der Regen hat mittlerweile aufgehört. Morgen geht es weiter Richtung IJsselmeer nach Lemmer.

KAPITEL 25

Sierksdorf – Das Meer

Ein letztes Mal mussten Peter, Jonas und ich nach unserer Odyssee über Frankfurt und Hamburg in einem kleinen schleswig-holsteinischen Dorf umsteigen, um nach Fehmarn zum Boot zu kommen, in Sierksdorf an der Lübecker Bucht. Der Fernbus hatte uns dort am Bahnhof ausgespuckt, von wo aus es mit der Regionalbahn weitergehen sollte. Wir warteten am Bahnsteig. Peter war inzwischen völlig übermüdet, fix und fertig. Ihm hatte das Hin und Her in Frankfurt ganz schön zugesetzt. Inzwischen waren er und ich ja auch immerhin beinahe 24 Stunden lang unterwegs. Er lag halb auf einem zusammengerollten Schlafsack und schlief schon fast. Neben Peter standen Jonas' Rucksack und das Medikamententäschchen, auf das wir tunlichst aufpassen sollten. Und da sagte Jonas plötzlich:

»Ich drehe jetzt mal kurz eine Runde.«

Ich war sofort alarmiert. Natürlich wollte ich Jonas nicht einfach so losgehen lassen. Er kannte sich in Sierksdorf ja gar nicht aus. Frisch aus der Klinik entlassen, hatten wir ihn gerade in Frankfurt wieder eingesammelt, und jetzt wollte er schon wieder weg. Klar war auch, dass einer beim Gepäck bleiben musste. Also habe ich gesagt: »Peter, bleib du hier. Ich begleite Jonas.«

Aber Jonas wollte partout nicht, dass ich mitkomme. Ich habe ihn gefragt: »Warum musst du denn jetzt alleine eine Runde drehen, wenn in einer Dreiviertelstunde unser Zug geht? Was ist, wenn wir den verpassen? Jetzt bleib doch bitte da.« Aber mit Jonas war nicht zu reden. Er ist einfach losmarschiert. Und ich wusste, er ist groß und stark, ich kann mich ihm nicht in den Weg stellen.

Peter hat nur noch mit den Augen gerollt und sich wohl gedacht: In was für eine verrückte Patchwork-Familie bin ich hier eigentlich geraten? Peter ist ja Lehrer von Beruf und fährt gelegentlich mit Schulklassen auf Klassenreisen. Da wird den Schülern gegenüber in vergleichbaren Situationen eine Ansage gemacht, an die sich alle zu halten haben. Und wer das nicht tut, der fährt eben nach Hause. Deswegen war Peter von Jonas' Verhalten extrem genervt. Die Situation war sehr angespannt. Vor allem, als ich zu Peter gesagt habe: »Ich gehe Jonas hinterher. Wir kommen schon wieder.«

Mit genügend Sicherheitsabstand bin ich Jonas also nachgegangen. Ich kannte mich in Sierksdorf ja genauso wenig aus und habe deswegen versucht, mir den Weg zu merken, damit ich schnell zurückfinde, falls wir es eilig haben sollten. Wo wollte Jonas denn bloß so unbedingt hin? Ich war nervös. Und verunsichert. Denn die anderen hatten mich ja vorher geimpft: Jonas wird abhauen. Er wird alles tun, um an Stoff zu kommen. Er wird alles kurz und klein schlagen und das Boot versenken. Diese Unkenrufe hallten in meinem Kopf wider, als ich jetzt durch Sierksdorf lief. Ich musste meine ganze Energie zusammennehmen, um nicht die Nerven wegzuschmeißen. Denn ich hatte ja innerhalb der letzten drei Wochen schon drei-, viermal das Gefühl gehabt, es droht doch noch schiefzugehen, obwohl ich so sehr für diese Reise gekämpft habe. In diesem Moment hing mein Bootsprojekt erneut am seidenen Faden. Es war so ein Gefühl, als ob ich auf einer Stange balanciere und merke, dass ich gleich das Gleichgewicht verliere. Noch bin ich nicht gefallen, aber ich spüre schon, es kippt, und ich kann es nicht mehr aufhalten. Das ist ein mieses Gefühl. Ich habe mich dann an den Gedanken geklammert, dass Jonas von der langen Reise erschöpft sein musste. Und ich dachte, gut, topfit bin ich auch nicht mehr, aber die Zeit arbeitet für mich. Jonas kann nicht mehr so schnell rennen. Wenn er denn wegrennen will. Außerdem habe ich versucht, darauf zu vertrauen, dass, einfach weil Jonas mein Sohn ist, wir trotz aller Schwierigkeiten, auch wenn das gleich heikel wird, eine Lösung finden werden.

Dann habe ich nach vorn geschaut und gesehen, dass Jonas auf den breiten Küstenstreifen zulief. Da habe ich begriffen: Er geht einfach ans Meer. Eine Zeit lang stand Jonas nur da und schaute aufs Wasser. Vorsichtig bin ich ein bisschen nähergegangen und habe gesagt: »Hey, Jonas, schön hier, oder?« Und dann tat er so, als sei nichts gewesen. Als sei es ganz normal, dass ich da hinter ihm stehe. Er hat gesagt, er habe sich so aufs Meer gefreut und unbedingt das Meer sehen wollen. Das hätte er mir doch auch einfach am Bahnhof sagen können. Aber es ist dann typisch für Jonas, dass er in so einer Situation nicht aussprechen kann, was er braucht. Er läuft dann einfach los, nimmt es allerdings auch nicht krumm, wenn ich dann plötzlich doch da bin. Das nimmt er wie selbstverständlich hin. Ich musste tatsächlich erst wieder lernen, mit Jonas umzugehen. Sein Verhalten ist manchmal unberechenbar. Und wir mussten auch erst wieder Vertrauen zueinander aufbauen. Er zu mir und ich zu ihm. Da war eine große Unsicherheit auf beiden Seiten. Und doch habe ich in dem Augenblick, als wir da gemeinsam in Sierksdorf am Meer standen, gespürt: Wir zwei, wir fahren jetzt. Wir sind unterwegs, und nichts und niemand hält uns auf.

Peter ist dann auf Fehmarn noch mal so richtig krank geworden. Er hat Fieber gekriegt. Das war aber ein psychosomatisches Ein-Tages-Fieber. Es war ihm einfach alles zu viel. Er hat auf Fehmarn nur geschlafen und von dort gar nichts mitgekriegt. Am nächsten Tag aber, als es dann losging, war er zum Glück wieder voll da.

KAPITEL 26

Das IJsselmeer

Bei bewölktem Himmel und relativ starkem Gegenwind fahren wir auf dem Prinses Margrietkanaal nach Lemmer. Große Lastkähne sind hier unterwegs, manche so randvoll beladen, dass sie gerade mal fünf Zentimeter aus dem Wasser ragen. Wellen darf es hier auf den Kanälen wirklich keine geben. Lemmer hat rund zwölf Jachthäfen, manche bieten Platz für über zweihundert Boote. Hier ist ganz schön was los. Wir biegen in einen der Kanäle Richtung Stadt ab und machen im Iselmar Jachthaven fest. Der Hafenmeister weist uns einen genau abgemessenen Platz zu, der elf Meter in der Länge und dreieinhalb Meter in der Breite misst. Ganz vorsichtig manövriere ich die Kaimana zentimetergenau in die Box hinten ins Eck. Die Jungs, Caro und mein Vater helfen an Fendern und Leinen. Geschafft. In diesem großen Hafen gibt es alle Finessen: Strom, Wasser, Internet, Waschmaschinen und Trockner, sogar ein Schwimmbad und eine Sauna.

Ich animiere Caro und Jonas, ihre feuchten Schlafsäcke und Klamotten aus der vollgestopften Bugkabine hervorzuholen, damit der Krempel mal trocknet. Ich schaue mir das Zeug nicht an und räume es auch nicht auf, aber einmal lüften und wenden, das muss sein. Später können sie ja wieder alles reinstopfen. Wir gönnen uns ein zweites Frühstück und fahren dann mit dem Dingi eine Viertelstunde unter drei Brücken durch und über eine Schleuse in die Stadt. Ich muss allerlei Ersatzteile für die Kaimana besorgen, außerdem ordentliche Fendersocken, die zum Schutz des Bootsrumpfs über die Fender gezogen werden, und LED-Lampen für den Salon. Und wir kaufen wieder mal enorme Mengen an Lebensmitteln, denn sechs Personen, darunter Jugendliche, verbrauchen richtig viel.

Zurück im Hafen wasche ich zwei Ladungen Wäsche und fülle den Trockner. Die Gasflasche tauschen wir auch. Außerdem repariere ich die grüne Positionslampe wieder, bis sie wirklich zuverlässig leuchtet. Am späteren Nachmittag gehen alle ins Schwimmbad, Dampfbad oder in die Sauna. Wellness-Tag. Mein Vater macht ein ausgedehntes Nachmittagsschläfchen. Am Abend fahren wir noch eine Runde mit dem Dingi. Hier gibt es unzählige Kanäle mit Häuschen direkt am Wasser und Booten in gepflegten Gärten. Anstelle des Autos oder Fahrrads ist man hier eben mit dem Boot unterwegs. Morgen wollen wir durch die Schleuse ins IJsselmeer fahren und endlich noch einmal die Segel setzen. Unser Ziel ist die ehemalige Insel Urk.

Am Morgen ist es stürmisch und bewölkt, und es schauert heftig. Die Kinder gehen noch mal schwimmen, denn wann hat man schon mal einen Hafen mit Schwimmbad. Erst gegen Mittag legen wir ab. Ganz langsam ziehen wir uns mit dem Motor im Stand-by-Modus aus der engen Box heraus und schieben uns dann in Richtung Hafenausfahrt nach vorne.

Vorsichtig, millimetergenau und kontrolliert. Einige Niederländer halten wohlwollend den Daumen nach oben. Gleich danach machen wir an der Außenseite des Hafens wieder fest. Jonas und Vincent heben das Beiboot zurück aufs Schiff und binden es gut fest, was in der engen Box nicht möglich war. Es ist viel Wind angesagt, und außerdem müssen wir durch die Schleuse ins IJsselmeer, da können wir das Beiboot nicht gut hinten dranhängen haben.

So geht es bei Lemmer um die Ecke Richtung Johan-Friso-Schleuse. Die ganze Crew hat mit all den Leinen, Fendern, Toren und Ampeln ordentlich zu tun. So langsam ist auch diese Mannschaft ein eingespieltes Team. Vor der Schleuse müssen wir an einer Wartewand festmachen, und wegen des starken Windes ist es nicht leicht, von dort wieder wegzukommen. Erst muss noch eine Brücke über eine stark befahrene Straße geöffnet werden, dann können alle Schiffe in die Schleuse. Wir machen am Rand fest, und ich fange noch schnell auf dem Festmacherbalken balancierend, einen verlorenen Fender wieder ein. Dann bewegen wir uns dreißig Zentimeter nach oben. Als die Schleusentore sich öffnen, rauschen wir mit den anderen ins IJsselmeer.

Es pfeift ganz ordentlich, 6 bis 7 Beaufort, durchgehend. Ein paar Niederländer versuchen zu kreuzen, geben es dann aber bald auf und kämpfen schließlich wie wir mit Motor und 2 bis 3 Knoten gegen steile spitze Wellen. Eine schwarze Regenfront schiebt sich über uns hinweg und wäscht mich am Steuer ganz ordentlich ab. Auch der Wind legt noch mal ein bisschen zu, aber so richtig hohe Wellen können sich auf dem

Binnenmeer gar nicht aufbauen. Caro legt sich vorsorglich nach hinten, glücklicherweise ist ihr nicht schlecht. Später hissen wir die Segel und zischen hart am Wind mit 6 bis 7 Knoten am Windpark entlang. Mir gefällt das Segeln so viel besser als das Motorbootfahren! Mich stresst jetzt auch Windstärke 6 nicht mehr. Vor der Einfahrt in den Hafen von Urk müssen wir wegen einer Untiefe einen großen Bogen entlang der Tonnen fahren. Im vollen Hafen finden wir ziemlich weit außen ein Plätzchen an der Hafenmauer und machen dort mit vier, später sechs Leinen fest. Der Sturm zerrt an den Leinen, dazu Schauer, kräftige Böen und viele schwarze Wolken. Zum Glück haben wir Gummiabfederungsstopper, da quietscht es nicht so. Am Abend drehen wir noch eine Runde in Urk, das einen unglaublich großen Hafen hat und früher eine Insel war. Heute befindet sich nur noch an einer Seite Wasser, an den anderen Polder, also eingedeichte Landflächen.

Auch der nächste Tag ist stürmisch, selbst im Hafen weht ein scharfer Wind. Zuerst 5, später, als wir draußen sind, wieder 7 Beaufort. Wir warten den ärgsten Regen ab und räumen auf, denn wenn wir bei diesen Windstärken kreuzen wollen, darf nichts herumliegen. Um halb zwei lassen wir uns – zuerst am Steg nur noch vorne festgemacht – vom Wind in den Wind drehen und ziehen so in Ruhe das Großsegel im zweiten Reff hoch. So können wir direkt aus dem Hafen segeln und haben gleich einen guten Speed von 5 Knoten drauf. Im Zickzack segeln wir Richtung Lelystad. Die Kaimana wird die meiste Zeit vom Windpiloten gesteuert, was super ist, denn so können wir uns bei den diversen Regengüssen alle unter dem Schutzdach verkriechen. Je näher wir dem Damm zwischen

IJsselmeer und Markermeer kommen, umso weniger Wellen gibt es trotz fetzigen Windes. So heizen wir mit gerefften Segeln mit über 6 Knoten und hartem Am-Wind-Kurs der Schleuse Houtribsluizen entgegen.

Der Houtribdijk trennt das IJsselmeer vom Markermeer. Von Weitem sieht es so aus, als würden Autos und Laster direkt auf dem Wasser fahren. Ich funke die Schleuse an, und sie öffnet sofort, als wir kommen. Hinter der Schleuse, also im Markermeer, legen wir im Bataviahaven von Lelystad an.

Max bemerkt, dass das Beiboot zwei kleine Löcher hat. Jonas, Vincent und Max wollen es selbst reparieren, also händige ich ihnen die entsprechende Box mit dem Flickzeug aus. Das Dingi ist ja ihr ein und alles. Ich kann das gut verstehen, weil es ein kleines Motorboot ist, das sie selbst steuern können. Es ist so ein bisschen ihr Boot. Da liegt es natürlich auch in ihrem eigenen Interesse, dass es seetüchtig ist. Und sie dürfen damit ja auch ohne mich fahren, solange sie Schwimmwesten tragen. Die Reparaturanleitung ist auf Englisch, aber das kriegen sie schon hin, denke ich. Es funktioniert ganz ähnlich wie bei einem Fahrradschlauch, das Beiboot ist ja auch aus Gummi. Man muss die schadhaften Stellen abschmirgeln, eine Paste auftragen und dann einen Flicken draufsetzen. Das Brüderteam ist in der Ausführung ein bisschen kreativ, weil sie immer wieder Paste auf die Löcher schmieren und die Flicken vergessen. Die Paste wird natürlich hart, also müssen sie wieder neue Paste auftragen. Insgesamt dauert die Prozedur zwei, drei Stunden. Und das Flickzeug liegt noch ewig rum. Sie räumen es einfach nicht weg. Ich allerdings auch nicht, das müssen sie schon selbst tun, das gehört zum Reparaturjob dazu.

Das Beiboot hat jetzt zwei Knubbel. Das ist mir aber egal. Es ist dicht. Das ist die Hauptsache. Und die Knubbel werden mich auf ewig daran erinnern, dass meine Söhne es zu dritt, ohne mich, repariert haben. Solche gemeinsamen Erfolgserlebnisse, das denke ich bei mir, sind toll hier auf dem Boot, so etwas kann ich ihnen zu Hause nicht so einfach bieten.

Jonas würde gern noch mehr allein auf dem Boot machen, zum Beispiel komplett eigenverantwortlich anlegen oder für alle kochen. Es fehlt ihm aber bisweilen an grundlegenden Voraussetzungen dafür, oder er hat einfach überhaupt keinen Überblick darüber, wie was zusammenhängt und was wofür notwendig ist. Er weiß nicht von selbst, wann etwas wichtig ist und wann unwichtig. Es erstaunt ihn zum Beispiel, dass man an Bord Gas zum Kochen braucht. Dabei hat er mich oder meinen Vater ja durchaus hier schon kochen sehen. Es ist auch ein bisschen erschreckend, dass er keine Ahnung zu haben scheint, in welchem Land wir uns gerade befinden. In manchen Momenten kommt er mir ziemlich planlos vor. Ich frage mich dann, wie es eigentlich nach unserem Segelsommer mit Jonas weitergehen soll, ob sein Vater eine Einrichtung für ihn gefunden hat und wie lange er dort bleiben kann. Und ob Jonas später einmal eine Ausbildung machen, ob er einen regulären Job wird erledigen können. Und dann denke ich mir wieder, hey, eins nach dem anderen. Jonas nimmt keine Drogen mehr. Er fragt nicht mehr nach den Medikamenten. Die habe ich inzwischen so weit hinten in den Bauch der Kaimana gestopft, dass ich sie jetzt selbst erst suchen müsste. Jonas raucht nur noch in Maßen. Er ist in keiner Weise boshaft. Entgegen der Erwartung einiger ist er nicht ein einziges Mal gewalttätig oder auch nur grob geworden. Im Gegenteil, Jonas ist lieb. Er zeigt sich hilfsbereit. Er ist nur einfach unselbstständig. Ich vermute, dass er in der Stadt wirklich ein leichtes Opfer seines Umfeldes war, denn er macht auch hier auf dem Boot ohne nachzudenken jeden Unsinn mit, den ihm jemand vorschlägt.

Im Hafen von Lelystad haben wir ausnahmsweise WLAN, sonst muss man sich dafür meistens auf eine windige Bank unter das Büro des Hafenmeisters setzen und dann das Gerät auf der Suche nach besserem Empfang in irgendeine Richtung halten, aber hier geht es bequem vom Boot aus. Die Teenie-Crew ist begeistert. Wir sitzen unter dem Cockpitdach, weil der Sturm draußen immer noch pfeift und unser Windgenerator ausreichend Strom produziert, um alle Handys, Tablets, Computer, elektrischen Zahnbürsten und auch die neuen LED-Lichter aufzuladen. Mein Vater brät einen riesigen Haufen Bratkartoffeln mit Speck und Zwiebeln für alle.

Heute ist es zur Abwechslung mal vollkommen windstill, recht sonnig mit Wolken, kein Regen. Das passt für einen Hafentag. Gestern haben wir luxuriöserweise im Hafenbüro Brot und Croissants bestellt und vertilgen diese bei einem ausgedehnten Brunch zusammen mit Speck, Rühreiern und den restlichen Kuchen. Dann legen wir das Segel noch mal ordentlich zusammen. Ich nehme genau Maß für eine neue Segeltasche, und wir bekleben ein paar fransige Stellen am Achterliek mit Segeltape. Später besichtigen wir die zum Museum umgebaute Batavia-Werft. Vor der Werft im Hafen schwimmt eine originalgetreue Rekonstruktion der Batavia, ein im 17. Jahrhundert vor Australien gesunkenes Segelschiff der Ostindien-Kompanie. Ein stolzes, offenbar auch seetüchtiges Schiff, das allerdings permanent geschliffen und lackiert werden muss.

Zurück auf der Kaimana ist wieder Raubtierfütterung. Unmengen an Bratkartoffeln, Fleisch, Bratwürsten, Nudeln, Brot, Salat, Saft, Sprite und Wein werden umgesetzt.

Wieder einmal schreibe ich, wie schon öfter in den letzten Tagen, eine E-Mail an Jonas' Vater. Bisher habe ich noch auf keine meiner Nachrichten eine Antwort bekommen. Eigentlich ist ja geplant, dass er Jonas in Amsterdam abholt. Dass sich Jonas' Vater nun so gar nicht meldet, macht mich zunehmend nervös. Und ob er nun einen Folgeplatz für Jonas gefunden hat, weiß ich nach wie vor nicht.

Die Kinder und ich machen einen Ausflug zu einem Schwimmbad, denn mein Vater braucht eine kleine Auszeit von den Teenies, das spüre ich. Bis zu dem Sportkomplex mit Schwimmbad, Kletterhalle, Squash- und Tennisplätzen ist es eine gute Stunde Fußmarsch quer durch das am Reißbrett entworfene Lelystad. Wir sind die Einzigen, die zu Fuß unterwegs sind, man fährt hier Fahrrad oder Moped ohne Helm. In dem Erlebnisbad haben Jonas, Caro, Vincent und Max jede Menge Spaß. Am Abend drehen sie, bevor sie das Beiboot wieder aufs Vorschiff heben, noch schnell ein paar Runden. Und morgen segeln wir nach Amsterdam.

KAPITEL 27

Team und Captain

Immer wieder stelle ich fest, dass mein Alltag zu Hause gar nicht so viel anders ist als auf der Kaimana. Die Kinder und ich, das ist die gleiche Konstellation. Wir haben auf dem Schiff lediglich einen anderen Spielplatz. Klar gibt es zu Hause ein paar Regeln mehr, die eingehalten werden müssen, weil der Schulalltag die Struktur vorgibt. Alle müssen morgens früh aufstehen und halbwegs angezogen pünktlich zur Tür raus und zum Schulbus gehen. Auf dem Schiff sind es andere ganz andere Dinge, die den Alltag strukturieren. Da müssen wir das Segeln und die Anlegemanöver im Griff haben. Wir müssen uns bei unserer Planung nach den Gezeiten richten und mit jedem Wetter klarkommen. Und einer muss Chef an Bord sein. Das bin ich. Ich bin der Captain und mache die Ansagen.

Zu Hause habe ich natürlich auch den Hut auf. Aber mein Credo dabei ist nicht: »Ich sage euch, wo es langgeht, und dann werdet ihr schon sehen. Ich haue gleich mal auf den Tisch.« Nein. Mir muss als Teamchefin klar sein, wer wie wo was wann braucht und wie wer das dann kriegt oder nicht. Aber ich darf mit drei Teenie-Jungs eben gerade nicht die Chefin raushängen lassen. Bloß nicht. Auf dem Boot noch viel weniger. Wenn der Captain das Ekel ist, das alles befiehlt, dann geht das nicht lange gut. Aber wenn ich das Leben, den Alltag zu Hause und den auf dem Boot, als Teamwork begreife, dann läuft das. Natürlich muss ich den Überblick haben und behalten. Auf dem Boot muss ich wissen, wie weit die nächste Segeletappe ist und wie die Wettervorhersage lautet, ich muss wissen, wie sämtliche Gerätschaften zu bedienen sind, wie man die Segel hisst und birgt.

Und ich muss auch abschätzen können, wer was kann. Ich muss meine Leute kennen: Max kann beispielsweise supergut das Steuer halten und geradeaus fahren oder auch auf Anweisung die Richtung ändern. Er ist klein, aber das kann er. Und das kann ich ihm auch zutrauen, obwohl er dann ein elf Meter langes Segelboot steuert.

Auf Vincent kann ich mich verlassen, wenn ich zum Beispiel vorne am Bug irgendetwas Großes festhalten oder etwas Schweres rüberziehen muss. Das kann ich oft nicht allein. Vincent ist stark und kräftig, der macht das. Beim Anlegen kann er vom Fleck weg zwei Meter vom Boot auf den Steg und wieder zurück aufs Boot springen. Er kann eine Leine weit schmeißen oder auch schnell mal irgendwo hochklettern oder das Boot mit dem Fuß abstoßen, das ist überhaupt kein Problem. Er sieht, was es gerade braucht, allerdings hat er auch gerne mal im entscheidenden Moment keine Lust. Das muss ich einkalkulieren.

Jonas kann vieles, ist sehr hilfsbereit, hat allerdings manchmal auch Aussetzer. Da muss ich erst mal gucken, wie er drauf ist, und dann entscheide ich, ob ich ihm gerade diese oder jene Aufgabe gebe oder nicht.

Und genau darum geht es in meiner Rolle als Captain. Auch zu Hause im Alltag. Ich muss nicht immer alles generalstabsmäßig angehen, auch wenn ich das selbstverständlich bereits versucht habe. Am Kühlschrank zu Hause hängt ein Putzdienst-Plan, auf dem steht, wer wann dafür zuständig ist, die Spülmaschine einzuräumen. Das klappt aber natürlich überhaupt nicht.

Ich muss das anders organisieren, flexibler. Wenn ich zum Beispiel sehe, Max hat seine Hausaufgaben bereits erledigt, dann sage ich: »Komm, wir räumen jetzt die Spülmaschine ein.« Wir beginnen gemeinsam, und er räumt sie dann zu Ende ein. Das werde ich nicht im gleichen Moment Vincent vorschlagen können, der gerade müde aus der Schule kommt. Ich muss auch immer das Gespür dafür haben, wie ich das Team zusammensetze und was es in diesem Augenblick wo braucht, das ist die Kunst. Und das ist gar nicht so einfach, vor allem bei Jonas. Manchmal vertue ich mich dabei auch komplett und bilde mir irgendetwas ein, das gerade nicht geht. Da muss ich mir dann an die eigene Nase fassen, wenn es nicht klappt.

Hier auf dem Boot müssen wir viel abwaschen und abtrocknen. Wenn Jonas gerade dasitzt und offensichtlich nichts zu tun hat, drücke ich ihm einfach ein Handtuch in die Hand und stapele die Teller vor seiner Nase. Dann ist die Wahrscheinlichkeit recht groß, dass er sie abtrocknet. Wenn ich frage: »Könntest du bitte abtrocknen«, passiert eher nichts. Und wenn ich in barschem Ton verlange, dass er gefälligst spült und abtrocknet, weil er das Geschirr auch selbst dreckig gemacht hat, weil er ja ohnehin dauernd isst und überhaupt, dann schmeißt er das Handtuch garantiert hin und geht. Es ist meine Aufgabe, den Weg so zu gestalten, dass wir gemeinsam ans Ziel kommen können.

Trotz gelegentlicher Aussetzer ist Jonas inzwischen allerdings derjenige, auf den ich mich am meisten verlassen kann. Er ist ja auch zusammen mit mir am längsten an Bord der Kaimana. Pubertäre Zickereien, wie sie von Vincent manchmal kommen, bleiben bei ihm aus. So dieses klassische Beleidigtsein aus dem völligen Nichts heraus, verbunden mit der Haltung, ihr könnt mich doch alle mal, das hat Jonas gar nicht. Dafür Vincent. Das ist ja so was von unnötig, wenn auch natürlich altersgemäß. Manchmal muss ich mir wirklich auf die Zunge beißen, wenn Vincent seine provozierenden Sprüche bringt. Meinen Vater nervt das dann ganz besonders. Am besten ist es ja immer, von vornherein gar nicht auf solche Teenie-Provokationen einzugehen. Auch lieber nichts androhen. Meistens schießt man sich damit nur ein Eigentor. Lieber sachlich und ruhig bleiben, weitermachen und abwarten, bis sich die Situation wieder beruhigt.

Aus dieser ganz anstrengenden Phase ist Jonas vielleicht schon wieder raus. Auf jeden Fall finde ich es sehr angenehm, dass ich ihn jederzeit fragen kann und er mir am allerwenigsten sagt, nein, ich mag jetzt nicht. Es kommt zwar schon mal vor, aber meistens hilft Jonas mir.

Darauf bin ich auch ein wenig stolz. Denn das ist eigentlich die Quintessenz von unserem Sommer auf dem Boot. Wenn die Aufgaben überschaubar sind und die Geduld niemals aufhört, springen die Teenies irgendwann doch selbst auf das Segeln an. Dann werden sie zu Crewmitgliedern und sind keine Passagiere mehr. Sie erhalten Aufgaben. Und mit den Aufgaben bekommen sie natürlich Verantwortung, aber vor allem auch Selbstvertrauen. Sie bekommen das Gefühl: Ich kann etwas. Was ich hier tue, hat einen Sinn. Ich gehöre dazu. Dafür ist das Boot ein superguter Lehrplatz. Das geht zu Hause nicht so einfach. Ich kann Jonas ja nicht mal eben schnell Auto fahren lassen. Was wäre denn zu Hause eine vergleichbar spannende Herausforderung? Kochen, putzen, Wäsche waschen? Aber auf dem Boot die Flagge hissen, auf den Mast klettern, Kabel zusammenstecken, Festmacherknoten knüpfen, lenken oder das Beiboot klar machen, das sind Dinge, die interessieren ihn, damit kann ich ihn kriegen.

Mein Vertrauen in Jonas und sein Potenzial ist mit dieser Bootsreise auf jeden Fall gewachsen. Wie viele Hindernisse mussten wir überwinden, um überhaupt die Segel setzen zu können! Im Rückblick hat mich aber auch das stark gemacht. Denn mit jedem Mal, bei dem es so ausgeschaut hat, als ob das ganze Projekt kippen würde, und es dann doch weiter ging, wuchsen Hoffnung und Vertrauen, dass noch nicht alles verloren ist. Und wenn man das hat, dann haut es einen das nächste Mal nicht mehr ganz so tief in den Keller.

Froh bin ich auch, auf repressive Maßnahmen im Umgang mit Jonas verzichtet zu haben. Ich musste eben nicht die Luft aus dem Beiboot rauslassen. Von wegen nur einsame Inseln und Buchten, keine Städte oder Häfen, keine Zivilisation, was der Schweizer mir geraten hatte, der mit einer ganzen Gruppe straffällig gewordener Jugendlicher auf dem Segelboot unterwegs war. Es ging auch anders. Vertrauen statt totaler Überwachung.

Klar, manchmal muss man sich, egal ob als alleinerziehende Mama oder als Captain einer Teenie-Crew, einen Vorsprung verschaffen. Einfach ein bisschen cleverer sein als die Teenies. Den Überblick behalten, planen. Als erste da sein, weil man eine Abkürzung genommen hat. Nicht prinzipiell, aber als Möglichkeit. Es ist gut, so etwas aus dem Hut zaubern zu können. Auf dem Boot ist es ohnehin immer hilfreich, fit und gelenkig zu sein, auch mal ohne Schlaf auskommen zu können. Das sind so kleine Joker-Karten, die ich, wenn es sein muss, aus der Tasche ziehen kann. Ich bin froh, dass ich in den Bergen ab und zu klettere und dass ich selbst im tiefsten Winterschlaf einen Knoten knüpfen kann, der so gut hält, dass man sich dranhängen kann. Die Tatsache, dass ich in einem Bergdorf groß geworden bin, spielt für mein Segelprojekt schon eine Rolle. Auch, dass ich immer ein Auge aufs Wetter habe, kommt daher, und das ist ja enorm wichtig beim Segeln. Das hat der gemeine Städter meist nicht so automatisch drauf.

Und dennoch sind es nicht diese Fähigkeiten oder Tricks, die über das Gelingen oder Scheitern eines solch existenziellen Projekts entscheiden. Da spielen eher andere Dinge eine Rolle: Geduld, Langmut und vor allem Liebe.

Was mir sicherlich auch geholfen hat: Ich weiß, ich segele für mein Leben gern. Mich macht das Leben auf dem Boot richtig glücklich. Ich wusste, ich habe an Bord garantiert gute Laune und kann sie verbreiten. Das hat mir extrem viel positive Energie gegeben. Und deswegen konnte ich vielleicht auch bei allem Stress immer noch ein bisschen locker, ein bisschen flexibel bleiben, so nach dem Motto, komm, wir machen das, wir versuchen das, es könnte lustig werden, und es könnte funktionieren, so ein bisschen Standbein, Spielbein.

Ich habe das gesamte Segelprojekt jedenfalls nie vollkommen starr gesehen, sodass ich mir das vornehme und es dann unbedingt klappen muss, weil ich Jonas nur auf diese Weise retten kann. Natürlich bin ich heilfroh, dass Jonas jetzt mit auf dem Boot ist. Es ist so super, dass das geklappt hat, und wunderbar, wie es sich bisher entwickelt hat. Aber ich würde eben auch nicht sagen, dass es der einzig mögliche Weg ist. Ich habe das Segelprojekt immer eher als ein lockeres Gefüge begriffen. Und wir werden jetzt sehen müssen, wie es nach dem Sommer mit Jonas weitergeht. Hoffentlich höre ich bald etwas von seinem Vater.

KAPITEL 28

Amsterdam

Die letzte Segeletappe unserer Reise führt uns heute, am 22. August, von Lelystad nach Amsterdam. Das Wetter ist ideal: sonnig, nur leichter Wind aus der richtigen Richtung. Da man nie weiß, wie das Wetter draußen wirklich ist, verstauen wir alles gut, damit nichts herumliegt. Am frühen Vormittag drehen wir die Kaimana von Hand am Kopf des Steges und lassen uns so, nur an einer Vorleine befestigt, in den Wind drehen. So können wir in Ruhe die Fender wegbinden, die Leinen versorgen und das Großsegel hochziehen. Mit dem Motor auf Stand-by legen wir unter Segeln direkt vom Steg ab. An der Schleuse zwischen dem IJsselmeer und dem Markermeer herrscht enorm viel Schiffsverkehr. Wir schleichen uns an zwei Tankern vorbei und fahren dann neben der Tankerspur bei 3 Beaufort und vollen Segeln unter Steuerung des Windpiloten ganz gemütlich Richtung Amsterdam. Später setzen wir den Spinnaker und sind so gleich zwei Knoten schneller. Die Kinder legen sich auf dem Vorschiff im Beiboot entspannt in die Sonne. Vincent schläft so fast durchgehend bis zum Nachmittag. Ein wunderbar lockerer Segeltag auf dem Markermeer!

Die Anfahrt nach Amsterdam geht durch eine mäßig breite, rund vier Meter tiefe, ausgebaggerte Rinne. Wir nehmen den Spinnaker und das Großsegel herunter und fahren lediglich mit Vorsegel bei Vor-Wind-Kurs zusammen mit vielen anderen Segelbooten, größeren und kleineren Motorbooten nach Amsterdam rein. Schon von Weitem sieht man die ersten Häuser der Stadt. Wir müssen durch eine große hochgeklappte Brücke und dann direkt durch die Oranjesluis. Diese Schleuse vor Amsterdam hat mehrere Kammern, darunter eine eigene für Sportboote. Trotzdem ist sie ein ziemliches Nadelöhr, und wir sind dort mit vielen anderen Schiffen zusammengepfercht. Um fast zwei Meter werden wir vom Markermeer in das IJ, einen ehemaligen Meeresarm, gehoben. Hinter der Schleuse ist wieder viel Verkehr. Man fährt in Amsterdam direkt durch die Stadt hindurch. Auf der Höhe des Hauptbahnhofs biegen wir in den Sixhaven ein, einen Hafen im Zentrum von Amsterdam. Es ist extrem eng. Aber der freundliche Hafenmeister winkt uns immer weiter rein. Umdrehen ginge jetzt ohnehin nicht mehr. An einem der hinteren Stege machen wir nach Anweisung rückwärts hinter den Boxen fest, wo normalerweise gar kein Platz zum Anlegen wäre. Wir verspannen uns wie eine Spinne in alle Richtungen. Kurz nach uns kommen noch ein paar Schiffe. Eines sogar mit einem Einhandsegler. Der schlängelt sich ganz allein durch diesen Schiffswald und legt neben uns an. Am Abend ist der Hafen komplett zugeparkt. Abdriften kann keiner, jeder hat vorne, hinten und auf allen Seiten Nachbarn.

Am nächsten Tag ist es wieder sonnig und angenehm warm. Gegen Ende unseres Segelsommers zeigt sich das Wetter von seiner besten Seite. Wir sind heute Morgen im Kreis der vielen anderen Boote um uns herum gemütlich aufgewacht und beobachten beim Frühstück, wie alle um- und ausparken. Der Einhandsegler windet sich unglaublich ruhig und geschickt im Schlingerkurs heraus und fährt weiter Richtung Dänemark.

Dann kommt Peter an, wie verabredet. Ich freue mich so, ihn zu sehen. Er hat gestern unser Auto aus Österreich nach Amsterdam gefahren und bleibt ein paar Tage, bevor er zurückfliegt. So können wir dann mit all dem Krempel und den vielen Personen bequem nach Hause fahren. Von Aalsmeer aus, unserem Winterlagerplatz, wo wir das Boot ausladen, reparieren und winterfertig machen werden, ist er mit Bus und Fähre direkt zum Sixhaven gekommen. Die österreichische Flagge der Kaimana hat er schon von Weitem gesehen und uns gleich gefunden. Ab jetzt sind wir zu siebt auf dem Boot. Das wird ein wenig eng, macht aber nichts. Denn wir haben es nicht mehr weit, und aufs Meer hinaus fahren wir nicht mehr.

Noch immer habe ich keine direkte Nachricht von Jonas' Vater. Von einer seiner Mitarbeiterinnen erfahre ich, dass er offenbar wieder auf Geschäftsreise ist. Ich informiere das Jugendamt in Frankfurt über die Lage, auch darüber, dass ich Jonas' Vater nicht erreiche. Wir haben jetzt noch sieben Tage bis zur geplanten Rückreise. Ich weiß, dass ich es zeitlich nicht schaffen werde, Jonas nach Frankfurt zu bringen, ich muss mit den anderen zurückfahren, die Schule beginnt ja wieder. Via Mail frage ich die Mitarbeiterin des Jugendamts, ob sie mir Vorschläge machen kann, was jetzt zu tun sei, wenn sie eine Idee hat, gerne. In mir wächst die Anspannung.

In einem italienischen Restaurant in einer kleinen Seitengasse essen wir Pizza. Anschließend schlendern wir die Straßen und Grachten Amsterdams entlang. Jonas geht noch schnell zum Friseur, das ist ihm ganz wichtig. Ich will eigentlich unbedingt zum Anne-Frank-Haus – ich habe während der Reise immer mal wieder im Tagebuch der Anne Frank gelesen –, aber vor dem Museum ist eine mehrere hundert Meter lange Schlange, und da streiken alle aus unserer Crew. Also machen Peter und mein Vater eine Bootsfahrt durch die Grachten, und ich laufe mit den Kindern zurück zum Schiff. Max rennt auf den Spielplatz, wir anderen ruhen aus, haben Hängemattenzeit. Später kochen wir gemeinsam Abendessen und sitzen zu siebt im Cockpit, bis es dunkel wird.

Am nächsten Tag, der wieder sonnig ist, fangen wir an, die Seile und Leinen, die bereits abkömmlich sind, abzubauen und in der Hafenwaschmaschine im Schonwaschgang zu waschen. Jetzt sind sie wieder weich und salzfrei, und außerdem riecht es aus der Backskiste nach Lavendel. Später machen wir uns mit der Fähre auf den Weg in die Stadt, wo wir sieben Fahrräder mit Rücktrittbremse und jeweils zwei dicken Schlössern leihen. Max bekommt ein Rad in seiner Größe.

Auf den überall vorhandenen Fahrradwegen gondeln wir hintereinander durch die Altstadt, entlang der Grachten zum Museumplein. Zum Glück kennen Peter und ich das Rijksmuseum, das Van Gogh Museum und das Stedelijk Museum für moderne Kunst schon von einem früheren Kurzbesuch, denn von den Teenies ist heute keiner für ein Museum zu begeistern. Wir picknicken und fahren weiter in den Vondelpark. Dort herrscht, wie überall auf Amsterdams Radwegen, reger

Verkehr. Ich fahre zum Glück vorne und muss die vielen Fast-Zusammenstöße der Kinder mit anderen Verkehrsteilnehmern nicht beobachten. Nach einer kurzen Pause an einem kleinen See fahren wir entlang des inneren Grachtengürtels zur Albert Cuypstraat und dem dazugehörigen Markt.

Wir parken die Fahrräder, schließen jedes zweimal ab und nehmen 14 Schlüssel mit. Zu Fuß spazieren wir über den Cuypmarkt. Vincent bekommt neue Schuhe, außerdem essen wir Hähnchen-Variationen und einen großen Fischteller für alle an einem der Stände. Entspannte Urlaubsstimmung. Am späten Nachmittag radeln wir zurück, und am Abend gibt es wieder eine ordentliche Raubtierfütterung. Morgen wollen wir mit dem Schiff auf die andere Seite des IJ. Wieder schaue ich nach meinen E-Mails. Keine Nachricht von Jonas' Vater. Ich schreibe dem Jugendamt noch einmal, dass ich so gar nichts höre, und stelle die Frage, wie es weitergehen soll.

Am nächsten Tag legen wir mittags ab. Im Sixhaven geht es bisweilen sehr eng zu. Zum Glück weht kein Wind, und alles kann ganz langsam vonstattengehen. Der nette Hafenmeister liebt das tägliche Schiffe-Verschieben offensichtlich, und es ist unterhaltsam zuzusehen, wie er genau weiß, wer wo noch reinpasst und ob vorwärts oder rückwärts und wie die Leinen verspannt werden müssen. Er ist ständig unterwegs und damit beschäftigt, den Jachthafen ein- und umzusortieren, und dabei voll in seinem Element. Als es gerade einigermaßen leer ist, legen wir ab und fahren quer über das viel befahrene IJ auf die andere, die Altstadt-Seite.

Dort, im Oude Houthaven, melde ich uns für die nächtliche Staande-Mast-Durchfahrt durch Amsterdam an. Einmal pro Tag, um Mitternacht, gibt es nämlich einen Konvoi von Schiffen mit hohem Mast quer durch Amsterdam, alle Brücken werden dann der Reihe nach geöffnet. Der restliche Verkehr wartet. Die kleinen Motorboote können sowieso immer durchfahren. Bis Mitternacht ist noch viel Zeit, deshalb machen wir unser Beiboot klar, und während Peter mit meinem Vater ein paar ruhige Stunden an Bord genießt, düse ich mit den Kindern durch die Grachten. Manche Kanäle sind Einbahnstraßen, manche Brücken haben eine linke und eine rechte Durchfahrt, aber im Wesentlichen kann man auf dem weitverzweigten Wasserstraßennetz fahren, wo man möchte. Wir haben das Handy mit zur Orientierung, sonst könnte es schwierig werden, wieder zurückzufinden.

In einem langen dunklen Tunnel geht uns der Motor aus, und wir müssen schnell rausrudern, bevor das nächste *Canal-Cruise*-Boot auf Kollisionskurs kommt. Der Grund ist ein leerer Tank, den wir aber aus dem Reservekanister gleich wieder auffüllen.

Pünktlich um Mitternacht startet die Brückentour, und wir fahren mit sieben anderen Booten quer durch die Stadt von Brücke zu Brücke. Durch Wohngebiete, vorbei an Kanal-Bars und Wohnbooten und immer wieder durch große Brücken, teilweise Doppelbrücken. In der Nacht durch Amsterdam zu schippern ist wirklich cool. Am Ende, um zwei Uhr nachts, müssen wir noch durch eine Schleuse. Gleich dahinter machen wir fest und schlafen uns aus.

KAPITEL 29

Das Ende des Sommers

Am nächsten Tag stehen wir gegen neun Uhr auf. Es ist schon wieder sonnig, bestes Badewetter. Wir verlassen unser lauschiges Plätzchen und fahren quer über das Nieuwe Meer. Das ist zur Abwechslung mal wieder tief, bis zu zwanzig Meter. Wir tanken und fahren weiter Richtung Aalsmeer. An einer riesigen Autobahnbrücke, der Schipholdraaibrug, müssen wir warten, weil sie samstags nur dreimal aufmacht, morgens, mittags und abends. Also machen wir davor fest und frühstücken gemütlich bis ein Uhr. Dann öffnet sich die Klappbrücke, und wir fahren mit Booten und zwei Tankern schnell durch. Der gesamte Autobahnverkehr muss für uns anhalten. Wir fahren direkt am Flughafen Schiphol vorbei, einige Flugzeuge fliegen recht knapp über uns hinweg, und wir können das Rollfeld sehen.

Vincent hängt sich mit seinem Kite-Board hinten an die Kaimana dran. Bei immerhin fast 5 Knoten kann er rasant hin- und herziehen. Er ist sehr sportlich. Eine Attraktion für die anderen Boote und vor allem für das Publikum an Land. Plötzlich fällt Vincent allerdings ins Wasser und muss der Kaimana schnell nachschwimmen. Wir haben den Motor zwar sofort auf Leerlauf gestellt, aber bis unser schweres Gefährt im Wasser anhält, dauert es eben. Power-Work-out für Vincent.

In Aalsmeer, das von schicken Villen geprägt ist, biegen wir ab zu dem Jachthafen, in dem die Kaimana bis zum nächsten Frühjahr überwintern soll. Ein Mitarbeiter empfängt uns freundlich und zeigt uns alles. Mastlegetermin und Krantermin habe ich für die kommenden Tage schon via E-Mail vereinbart. Hier steht auch unser Auto.

Wir legen an der Kopfseite eines Stegs an und haben so einen Paradeplatz, was sehr unterhaltsam ist. Die vorbeifahrenden Bootsbesitzer winken uns freundlich zu. Mein Vater, der an Deck sitzt, winkt zurück: den schnellen schnittigen Motorbooten, den voll besetzten Booten mit Kindern und Hunden, den Ruderbooten und den Stand-up-Paddlern.

Leider bekomme ich davon nur die Highlights mit, weil ich die Bugkabine ausräume und putze, später auch das Bad. Denn jetzt, am Ende unseres Segelsommers, muss die Kaimana gesäubert und winterfest gemacht werden. Immer noch habe ich keine Nachricht von Jonas' Vater. Dem Jugendamt schreibe ich: »Jetzt sind es noch fünf Tage bis zu meiner Abreise.« So langsam bekomme ich einen Kloß im Magen. Was mache ich denn, wenn Jonas' Vater sich gar nicht meldet? Gleichzeitig habe ich aber gerade so viel zu tun, dass ich mir überhaupt nicht in Ruhe überlegen kann, was es denn für Alternativen gäbe. Ich muss tausend Sachen gleichzeitig erledigen. Dazu stelle ich bei laufendem Betrieb noch regelmäßig Essen für sieben Leute auf den Tisch.

Die Jungs und Caro sind – immer mit Schwimmweste – permanent mit dem Beiboot »in unserem Viertel« unterwegs. Ich bin froh, dass ihnen das so einen Spaß macht. Je mehr Personen im Dingi sitzen, desto langsamer fährt es. Daher wechseln sich die Kinder manchmal ab. Sie scheinen sich untereinander inzwischen wirklich gut zu verstehen. Mittlerweile kann sogar Max den Benzinmotor alleine starten. Ich habe ihm gesagt, er darf nur allein im Beiboot fahren, wenn er den Motor auch allein anbekommt. Sonst strandet er womöglich in irgendeinem entlegenen Kanal und kommt dort nicht mehr weg. Max hat noch nicht genug Kraft, um den Seilstarter so zu ziehen, dass der Motor anspringt. Aber er will es unbedingt schaffen. Als er es wieder einmal probierte, haben Jonas, Vincent und Caro ihn vom Deck der Kaimana aus angefeuert, während er eine Technik entwickelte, mithilfe derer er sein ganzes Gewicht mit Schwung an den Seilstarter schmeißt, sodass es klappt. Und tatsächlich: Der Motor lief. Applaus von den Großen. Am schnellsten fährt das Beiboot jetzt, wenn Max alleine drinsitzt: 2,5 PS garantieren jede Menge Spaß!

Heute fahre ich die Kinder und meinen Vater mit dem Auto nach Amsterdam, wo sie den Tag im NEMO Science Museum verbringen. Dort kann man naturwissenschaftliche Experimente machen. Und so habe ich Zeit, die Kaimana komplett aufzuräumen, durchzusaugen und sauber zu wischen. Das ist allerdings auch bitter nötig. Am späten Nachmittag hole ich alle wieder in Amsterdam ab, und die Kinder düsen den Rest des Tages mit dem Beiboot auf und ab. Vincent gelingt jetzt vom Ufer aus ein Sprungstart mit dem vom Dingi gezogenen Kite-Brett. Er muss allerdings an Land Anlauf nehmen, weil

2,5 PS eben nur 2,5 PS sind. Die Kinder fahren durch das Labyrinth des Westeinderplassens mit seinen vielen Inseln und Kanälen auf dem Beiboot schon so, als wären sie hier zu Hause. Wenn ich Jonas, Caro, Vincent und Max mit dem Boot friedlich in der Abendsonne davontuckern sehe, habe ich das Gefühl, dass meine Intuition mit dem Segelsommer auf dem Boot doch goldrichtig war, ganz unabhängig davon, was jetzt werden wird.

Jonas, Vincent und ich nehmen die Segel der Kaimana herunter. Die Genua und das Großsegel legen wir auf dem Werftvorplatz ordentlich zusammen und verstauen sie fürs Erste im Auto, das im Augenblick als Lager für Segel, Koffer, Taschen und anderes Zeug dient. Auf der Kaimana ist mit sieben Leuten kein Platz dafür. Wegen der großen Hitze haben wir das Sonnendach über den Großbaum gelegt. So kann man es im Cockpit auch bei der Sommerhitze – mit gekühlter Limo für uns und Bier für meinen Vater und Peter – ganz gut aushalten.

Alle paar Tage müssen wir einen Großeinkauf mit dem Auto machen, weil die Raubtiere im Wachstum unglaubliche Mengen verdrücken und sämtliche Vorräte bei sieben Leuten sofort wieder aufgebraucht sind. Zum Glück gibt es hier einen sehr gut sortierten Supermarkt, und die Schlepperei der Beute zurück zum Schiff in der Morgenhitze kann dank Auto auf wenige Meter begrenzt werden. Es ist nach wie vor sehr heiß und sonnig. Kein Lüftchen geht.

Der nette Chef von der Werft gibt mir die Telefonnummer eines Spezialisten für den Schiffsmotor, mit dem ich schnell einen Termin mache. Die Kinder sind unermüdlich mit dem Beiboot unterwegs, abwechselnd, gemeinsam, in Gruppen, alleine. Ich mache – ebenso unermüdlich – weiter sauber, sortiere und packe. Wir sind fast zwei Monate unterwegs gewesen, da kommt einiges zusammen. Mit der Nähmaschine bessere ich allerhand an Bord aus.

Von Jonas' Vater nach wie vor keine Zeile. Der Frankfurter Jugendamtsmitarbeiterin schreibe ich, dass ich in drei Tagen zurückfahren muss. Als Optionen sehe ich eigentlich nur, dass ich Jonas entweder erst einmal zu uns nach Hause mitnehme oder dass sie ihn hier oder wenigstens in Frankfurt am Bahnhof abholt und es vonseiten des Jugendamts dann einen Plan B für ihn gibt. Sie schreibt mir zurück, dass das ja so eigentlich nicht geplant war. Damit hat sie natürlich recht, aber was soll ich denn machen?

Mark, der Mechaniker, kommt bereits am Nachmittag und nimmt sich über eine Stunde Zeit, um mit mir zu besprechen, was am Motor gewartet und verändert werden soll. Außerdem gehe ich mit ihm unsere Ersatzteilkiste und das Lager für Motoröle, Schmiermittel und andere Gebinde durch, die er wieder auffüllen wird. Er ist sehr freundlich und kompetent. Der Motor der Kaimana ist bei ihm, so denke ich, in guten Händen. Morgen werde ich ein ähnliches Gespräch mit dem Werftchef führen, der hoffentlich die Logge, unseren Geschwindigkeitsmesser, wieder in Gang bringen und die Badeleiter an geeigneter Stelle anmontieren wird.

Bis zum Sonnenuntergang sitzen wir im Cockpit und beobachten die ein- und ausfahrenden Boote aus der ersten Reihe.

Körperlich und seelisch geht es Jonas um so vieles besser als zu Beginn unserer Reise. Mit Max und Vincent albert er herum, mit mir und meinem Vater ist er meistens umgänglich, und in Caro ist er trotz ihrer immer wieder aufflammenden Streitereien verliebt. Vielleicht wird er ja doch in Zukunft wieder ein normales Leben führen können.

Jonas hat sich jetzt, am Ende der Reise, an den Tagesablauf an Bord gewöhnt. Wenn es nach ihm ginge, könnten wir ewig so weiterfahren. Und ich weiß immer noch nicht, ob sein Vater ihn abholt und in eine Einrichtung bringt, die er den Sommer über gesucht hat, und ob er eine Kostenübernahme der Krankenkasse hat oder eben nicht. Jonas selbst ist allerdings, was seine unmittelbare Zukunft anbelangt, erstaunlich unbekümmert. Er hat es nicht so sehr mit Planen. Er weiß, dass unsere Reise jetzt zu Ende geht, und er sagt – was mich wahnsinnig freut –, dass er im nächsten Jahr wieder mit aufs Boot will. Geplant war es ja so, dass wir uns jetzt verabschieden und dann, natürlich ein bisschen traurig, aber mit guter Zuversicht, sagen: »Komm, wir hatten es jetzt so schön auf dem Boot, und nächstes Jahr machen wir das wieder so.« Aber nun ist alles wieder offen.

Ein letzter heißer, perfekter Sommertag. Jonas, Vincent, Peter und ich bauen den Baum ab und verstauen ihn an der Seite an Deck. Ebenso den Windgenerator, dessen Carbonflügel ich gut einwickele und in den Kartentisch packe. Mein Vater nimmt letzte Umschraubungen vor, damit die Badeleiter, die in diesem Sommer dem Windpiloten weichen musste, seitlich ans Boot montiert werden kann. Innen heißt es ein letztes Mal zusammenpacken, aufräumen, sauber machen. Endspurt!

Dem Jugendamt schreibe ich jetzt einfach: So, ich unternehme jetzt hier nichts weiter, denn es gibt nach wie vor keine

Nachricht von Jonas' Vater, und ich kann in dem Packstress an Bord nicht dauernd online sein. Wenn ich bis zum Tag vor meiner geplanten Abfahrt nichts mehr vom Vater oder vom Jugendamt höre, checke ich mein Postfach am Abreisetag noch einmal, und dann nehme ich Jonas mit nach Hause. Alles Weitere besprechen wir später. Noch wage ich allerdings nicht zu hoffen, dass ich ihn wirklich mitnehmen kann.

Die Kinder fahren mit dem Dingi zum Schwimmen, und Peter, mein Vater und ich tuckern noch mal durch die Kanäle. Unzählige Inselchen haben die Niederländer diesem See abgetrotzt, eingefasst und bepflanzt. Und alle sind mit Stegen, Spielplätzen, Grillplätzen oder Sonnenliegen ausgestattet. Spaß am Wasser haben die Niederländer einfach total drauf. Und dass das Wasser so ein bräunliches zwei bis drei Meter tiefes Entenwasser ist, stört hier niemanden. Am Abend fällt leider Max' Handy ins Hafenbecken. Vincent versucht am nächsten Tag, es tauchend und im Schlick wühlend wiederzufinden, aber leider vergeblich. Das Handy ist weg.

Am 30. August muss Caro abreisen. Mein Vater und Peter wollen sie zum Fernbus nach Frankfurt bringen. Doch Caro bekommt einen Heulkrampf. Es fällt ihr sehr schwer, sich von Jonas zu trennen. Sie will nicht zurück. Ich versuche, sie zu trösten, und sage: »Komm, Caro, es nützt ja nichts. Du musst doch auch wieder in die Schule.« Die verlängerte Abschiedszeremonie führt in Kombination mit strömendem Regen, Straßensperren und Navi-Zicken dazu, dass Caro ihren Bus verpasst. Also bringen mein Vater und Peter sie vorerst wieder mit zurück zum Schiff. Immerhin schafft es Peter pünktlich zum Flughafen. Wir anderen fahren mit der Kaimana zum Kran und montieren den Mast ab. Zwei Männer helfen uns und bedienen den Kran. Alles läuft glatt. Wir umwickeln den Mast gut und binden alles Lose fest daran. Die Männer verstauen ihn zuoberst in der Halle. Ich glaube, dass das sinnvoll ist, weil oben nichts drauffallen und auch nichts am Radar hängen bleiben kann.

Die Kinder leihen am Nachmittag im Hafen Fahrräder aus und fahren ins Städtchen. Leider regnet es den ganzen Tag, sodass der trockene Schiffsbauch jetzt erneut voll mit nassen Klamotten hängt. Alles ist klamm und feucht. Mal schauen, ob das rechtzeitig wieder trocknet. Morgen starten wir einen neuen Versuch, Caro zum Fernbus zu bringen. Außerdem kommt die Kaimana aus dem Wasser, wir werden das Gelcoat (die lackierte Oberfläche am Schiffsrumpf) polieren, das Beiboot mit Gummi-Überwinterungs-Öl einreiben, alles abdecken und dann nach einem aufregenden und coolen Sommer nach Hause in die Berge fahren. Jonas nehme ich jetzt mangels anderer Alternativen einfach mit. Trotz der gerichtlichen Auflage, sich umgehend in eine Klinik für Jugendliche mit Suchtproblemen zu begeben, wo er allerdings bisher keinen Platz bekommen hat. Ich habe gar keine andere Wahl. Weder kann ich Jonas hier in Amsterdam allein lassen, noch ihn einfach in den Fernbus nach Frankfurt setzen, wenn ich nicht weiß, wo sein Vater ist. Dass ihn jemand vom Jugendamt dort abholt, ist nicht vorgesehen. Und jetzt erst begreife ich so richtig: Wenn ich Jonas mitnehme, heißt das, ich brauche einen neuen Plan. Und noch habe ich keinen.

Jonas freut sich sehr auf unser Dorf, weil er schon lange Zeit nicht mehr zu Hause war. Wir machen uns bereit für neue Herausforderungen in den Bergen.

Epilog

Wir haben Glück gehabt. Seit unserem Segelsommer wohnt Jonas wieder bei mir und seinen Brüdern und besucht eine öffentliche Handelsschule. Die Schule ist wie ein Sechser im Lotto. Sie gibt Jonas Struktur. Er hatte keinerlei Vorstellung von seiner Zukunft, außer der vagen Idee, er könne vielleicht Skilehrer werden. Ich habe ihn ermuntert, es noch einmal an einer Schule zu versuchen. Mit seiner abgebrochenen Schullaufbahn wollte ihn keine reguläre weiterführende Schule aufnehmen. Unter die Schulpflicht fiel er mit mittlerweile 17 Jahren nicht mehr. Viele Möglichkeiten gab es nicht: Eine Lehrstelle war nicht in Sicht, das Arbeitsamt bot nur Bewerbungskurse an. Das Schulamt verwies mich schließlich an die Handelsschule, der ich offen erzählte, wie schwierig die letzten drei Jahre mit Schulschwänzen, Drogenabhängigkeit und Kriminalität gewesen waren. Und dass es nicht sicher war, ob Jonas hier im Bergdorf würde bleiben können. Denn noch hatte das Gericht in Frankfurt nicht entschieden, was mit Jonas' ausgesetzter Haftstrafe geschehen würde.

Die Handelsschule gab Jonas trotz allem eine Chance. Nach drei Jahren kann man dort eine Abschlussprüfung machen, die einer Lehre als Bürokaufmann entspricht.

Jetzt heißt es durchhalten. Das funktioniert mal besser und mal schlechter. Natürlich bleibt Jonas suchtgefährdet. Das sehe ich relativ illusionslos. Anfangs machte ihm das frühe Aufstehen sehr zu schaffen. Das hatte er lange nicht gehabt. Zu Beginn sagte er an zwei Tagen die Woche, er habe Bauchweh und könne nicht hingehen. Zwingen kann ich ihn nicht. Nur ihm immer wieder gut zureden und ihn unterstützen.

Ich weiß nicht, wie es ausgehen wird. Das ist offen. Wir werden sehen. Ich weiß nicht, was wird, wenn er 18 Jahre alt ist. Vielleicht kommt er dann auf die Idee, gar nichts mehr tun zu müssen, weil er volljährig ist? Möglich. Immer mal wieder hat er allerdings Geistesblitze, bei denen er dann einsieht, dass es besser wäre, die Schule zu beenden. Diese Schule schafft es jedenfalls, die Schüler wieder einzufangen, die mit zu viel Druck eben nicht klarkommen. Der direkte Weg ist also nicht unbedingt der einzige, lerne ich.

Die Mühlen in Frankfurt mahlen sehr langsam. Jugendamt und Gericht sind chronisch überlastet. Regelmäßig informiere ich sie via E-Mail darüber, wie es Jonas und mit Jonas geht, schreibe von der Schule und unseren Arztbesuchen. Ich muss ja weiterhin mit ihnen zusammenarbeiten. Ob Jonas bleiben kann oder nicht, liegt letztlich in ihrer Hand.

Wir sind eine Familie und keine Einrichtung. Ich bin Mama, keine Sozialarbeiterin. Jonas hat hier keine Therapie im eigentlichen Sinne. Wir haben im Dorf nur unseren Hausarzt, der in der Hauptsache Sportchirurg ist. Anfangs wollte Jonas Schlaftabletten haben, denn er könne so schlecht einschlafen. Aber unser Arzt verschreibt Jonas zum Glück nur ganz harmlose. Er empfiehlt Sport und Bewegung und klopft uns beiden auf die Schulter, uns gut zu vertragen, um den Alltag gemeinsam zu meistern.

Es hilft sehr, dass Jonas wieder Teil der Familie ist. Die familiäre Struktur prägt ihn. Vincent und Max müssen auch morgens um Viertel vor sechs aufstehen. Keiner hat Lust dazu. Alle sind müde. Und trotzdem: Wenn sein elfjähriger Bruder Max in der Früh um Viertel nach sechs zum Bus geht, dann hängt Jonas sich dran. Jonas heilt jetzt. Ein bisschen. Seine Therapie ist, wieder zu Hause zu sein.

Jonas, Vincent und Max gehen auf drei verschiedene Schulen. Jeder hat einen eigenen Freundeskreis, einen eigenen Restschulweg. Zu Hause hat ständig einer den anderen im Schwitzkasten. Dabei lachen sie und schmeißen einander auf den Boden. Das sind Brüder. Natürlich beeinflussen sie sich untereinander. Ich hoffe, dass der gute Einfluss überwiegt. Ich habe den Entschluss gefasst, ich verstecke mich nicht. Ich sage: Jonas ist wieder da, und ich gebe mir Mühe, und es bleibt schwer. Ich hoffe, dass es gut geht.

Als Entscheidungsgrundlage für den Richter musste ich ebenso wie Jonas' Vater eine schriftliche Stellungnahme verfassen, die beschrieb, wie wir uns jeweils Jonas' weiteren Werdegang vorstellten. Ich habe geschrieben, ich glaube, dass es für Jonas am besten wäre, die Handelsschule zu beenden, und bei mir und seinen Brüdern im Bergdorf zu bleiben.

Als wir gerade erst einen Monat zu Hause waren, hatte ich zwischendrin immer mal wieder Bedenken. Ich dachte, okay, es läuft jetzt gerade gut, aber das kann auch wieder kippen. Und da hat mir eine Bekannte aus dem Dorf, die am anderen

Ende der Straße wohnt und auch drei Kinder hat, eine E-Mail geschrieben. Ich treffe sie vielleicht zweimal im Jahr, und wir reden eigentlich nie viel miteinander:

»Hi, Franzi, ich habe heute Morgen deine drei Jungs in die Schule gehen sehen. Das war ein schönes Bild. Ich wollte nur sagen, es freut mich sehr für dich, dass du alle wieder beisammenhast. Am Ende siegt immer die Liebe.«

Anfang November kam ein Schreiben aus Frankfurt: Jonas' ausgesetzte einjährige Jugendhaftstrafe wurde in eine zweijährige Bewährungsstrafe umgewandelt. Jonas darf jetzt hier bei Vincent, Max und mir in den Bergen bleiben. Wie immer es ausgeht, wie auch immer Jonas' weiterer Lebensweg aussehen wird, allein dafür hat sich das Segelsetzen gegen den Rausch gelohnt.

Impressum

Franziska Krafft
mit Katharina Gerhardt
Wendemanöver
Ein Sohn im Drogensumpf. Eine Mutter setzt Segel.
ISBN: 978-3-95910-179-0

Eden Books
Ein Verlag der Edel Germany GmbH

www.edenbooks.de | www.facebook.com/EdenBooksBerlin | www.edel.com
1. Auflage 2018

Projektkoordination: Kathrin Riechers
Lektorat: Viktoria Hausmann
Umschlaggestaltung: Buchgut, Berlin
Umschlagfoto: © Dudarev Mikhail/Fotolia
Umschlaginnenseiten: Kartenmaterial entnommen aus Delius Klasing-Sportbootkarten »Südliches Kattegat«, Delius Klasing Verlag GmbH, © Geodatastyrelsen 320-0134
Layout und Satz: Datagrafix GSP GmbH, Berlin | www.datagrafix.com
Druck und Bindung: optimal media GmbH, Glienholzweg 7, 17207 Röbel/Müritz

Das FSC®-zertifizierte Papier *Munkenprint white* für dieses Buch lieferte Arctic Paper, Munkedal, Schweden.

Printed in Germany.

Dieses Buch ist auch als E-Book erhältlich.